Pasión de multitudes

LA PASIÓN GENUINA DE MILES DE JÓVENES POR LA INTEGRIDAD

DANTE GEBEL

 Vida®

La misión de Editorial Vida es proporcionar los recursos
necesarios a fin de alcanzar a las personas para Jesucristo
y ayudarlas a crecer en su fe.

PASIÓN DE MULTITUDES
Edición en español publicada
por Editorial Vida -2008
Miami, Florida

© 2008 por Dante Gebel

Edición: *Madeline Díaz*
Diseño interior y de cubierta: Matías Deluca

ISBN - 978-0-8297-5503-9

CATEGORÍA: VIDA CRISTIANA / GENERAL

IMPRESO EN ESTADOS UNIDOS DE AMÉRICA
PRINTED IN THE UNITED STATES OF AMERICA

13 14 15 16 • 20 19 18 17 16 15 14 13

DEDICATORIA

A mi eterna enamorada Liliana, que es mi verdadera inspiración en el hermoso ministerio que Dios me encomendó; de no haberla conocido, entre muchas otras cosas, no hubiese escrito este libro.

A mis tres pequeños y geniales hijos, Brian, Kevin y Jason, que comparten junto a su papá los largos viajes e interminables días fuera de casa.

Y en especial a los miles de jóvenes que, por encima de su montaña de errores, han aceptado el desafío de pagar el alto precio de la integridad.

RECONOCIMIENTO

Mi sincero agradecimiento y aprecio a todos aquellos que en su momento no tuvieron en poco mi juventud ni olvidaron que la juventud dejó de ser el futuro para transformarse en el presente.

A Esteban Fernández y todo el equipo de Editorial Vida, por la confianza dispensada a mi persona desde hace tanto tiempo.

A Claudio Freidzon, incondicional amigo y pastor.

Una palabra de especial aprecio a todo el selecto equipo de Línea Abierta Group, que me han demostrado su completa fidelidad a través de estos años, dejándolo todo para servir a Dios.

Y dejé para el final mi principal agradecimiento: por supuesto, a mi amado Dios, mi gran amigo y confidente, que puso sus ojos en un desconocido muchacho de un remoto barrio de Buenos Aires.

CONTENIDO

Escrito originalmente en 1998.
Revisado y actualizado en 2008.

PRÓLOGO

DE CLAUDIO FREIDZON

LA PRIMERA VEZ QUE VI a Dante Gebel supe de inmediato que tenía delante de mí a un joven que Dios iba a usar para sacudir a la juventud de Argentina y aun de otros países.

Recuerdo muy bien aquella noche. Hacía varias semanas que teníamos en la iglesia reuniones especiales como resultado de una visita sin precedentes del Espíritu Santo. Pastores y laicos de todo el país atestaban el salón de nuestra iglesia cada noche, teniendo que hacer filas de cientos de metros durante horas para conseguir un lugar. Vivíamos un tiempo de fresca renovación que convocaba a hermanos de diferentes iglesias y denominaciones con el solo deseo de conocer más a Dios a través del Espíritu

Santo. El regreso al primer amor era una experiencia palpable para todos. Nos encontrábamos prácticamente sorprendidos por Dios. Muchos, en este marco glorioso, eran restaurados y comenzaban una nueva etapa personal y ministerial. Disfrutábamos de horas enteras de alabanza y adoración espontánea bajo la guía del Espíritu Santo, que se revelaba a cada asistente transformando su vida.

Fue precisamente en una de aquellas noches que me di cuenta de la presencia de Dante Gebel. A decir verdad, Dios me guió hasta él. Me impresionó su búsqueda espiritual, se percibía que estaba allí anhelando más de la voluntad de Dios para su vida. Por aquel tiempo Dante ya estaba activo en la obra de Dios, sirviendo con fidelidad, ayudando a otros ministerios con generosidad y sin ambiciones personales. En los últimos meses había comenzado un programa radial con mucho impacto entre los jóvenes y adolescentes. Sin embargo, el Señor tenía más para él. Aquella noche lo llamé a la plataforma de la iglesia y le dije por medio del Espíritu Santo: «Dante, un nuevo tiempo comienza para tu vida y tu ministerio. A partir de ahora Dios comenzará a usarte en grandes cruzadas para jóvenes a través de todo el país». Antes de lo previsto, esta palabra se hizo realidad.

En la actualidad su ministerio llena estadios de más de ochenta mil personas con jóvenes que llegan hasta allí no para pasar el tiempo, sino para hacer un pacto de integridad con Dios. He visto miles de jóvenes en sus cruzadas correr hacia el altar para prometerle a Dios que cuidarán su virginidad hasta el matrimonio, serán un ejemplo para la sociedad y vivirán para servirle a él.

La santidad no es un tema coyuntural o de moda. Las Escrituras dicen con claridad: «Sean santos, porque yo soy santo» (1 Pedro 1:16). Y sabemos que sin santidad nadie verá a Dios. Todo genuino derramamiento del Espíritu Santo produce quebrantamiento y santidad. Es alentador observar que nuestra juventud está siendo movida a confrontarse con lo medular del evangelio. Que en la actualidad una multitud de jóvenes llena estadios y auditorios para buscar su propia identidad en el perfecto modelo de Jesucristo.

Siento un gran afecto por el evangelista Dante Gebel. Valoro su deseo de superación constante, su inquietud por buscar la excelencia en todo lo que hace.

En una sociedad donde todo parece correcto y aceptable, excepto ser cristiano y vivir en santidad, su ministerio, de manera oportuna, levanta con fuerza los valores de una vida íntegra. Dante Gebel nos desafía a sostener sin tapujos nuestras convicciones. A asumir un cristianismo en verdad que sea **luz** y **sal** de la tierra. Debo decir que la tibieza no es una característica de su vida y su ministerio.

Observamos que el diablo predica sus mentiras como si fueran la verdad y que muchos cristianos predican la verdad amedrentados como si fuera una mentira. A menudo los jóvenes experimentan esto al sentirse duramente bombardeados desde las filas del humanismo y la nueva era. En este contexto, Dios le dio a Dante una gracia especial para llegar al corazón de la juventud en cada cruzada, llamándolos al arrepentimiento y la entrega.

Me agrada sobremanera cómo Dios lo ha guiado para eliminar toda idea de mediocridad de nuestra juventud cristiana. He observado en sus cruzadas y predicaciones su constante estímulo para que cada joven estudie y desarrolle sus talentos al máximo de su potencial, en beneficio del reino de Dios. ¡No es de extrañarse que los jóvenes cristianos salgan de sus reuniones con sus frentes bien en alto!

En la actualidad, mantengo con Dante una fluida comunicación. De manera regular me llama por teléfono para tener comunión conmigo. Es parte de nuestra iglesia, y jamás deja de congregarse cuando está en Buenos Aires. Me complace poder ayudarlo y saber que nuestros corazones están unidos por la misma causa.

Este libro contiene mucha de la chispa divina que caracteriza sus predicaciones. Aprenderá acerca de la Palabra de Dios de una manera muy clara y rica en experiencias, llena de anécdotas e ilustraciones, que en más de una oportunidad le arrancarán una sonrisa y lo dejarán pensando. No se engañe, este no es un libro de esparcimiento. Es un llamado a la santidad. Cuando lo lea comprenderá mejor por qué son cada vez más los que se agolpan para oír este mensaje. Es probable que usted mismo caiga de rodillas para rendir su corazón una vez más.

Con los años he aprendido a reconocer y valorar aquellos ministerios que son un regalo para el cuerpo de Cristo. El de Dante Gebel es uno de ellos. Él ha sido enviado por Dios para llenar un espacio vital a favor de nuestra juventud. Sus cruzadas para jóvenes, sus espectáculos evangelísticos, así como sus programas radiales y televisivos que llegan a todo el mundo con un altísimo nivel de audiencia, son señales de un ministerio fructífero que sigue creciendo.

Recibamos con gratitud y esperanza este libro de su pluma y sumémonos a esta *pasión de multitudes* que tienen hambre de Cristo.

RVDO. CLAUDIO J. FREIDZON
Pastor de la Iglesia Rey de reyes
Buenos Aires, Argentina

INTRODUCCIÓN

EL RELOJ MARCABA LAS CINCO de la mañana y parecía que nuestros corazones estaban a punto de estallar. No olvidaríamos esa noche por el resto de nuestras vidas. Mi esposa estaba recostada en la cama con los brazos detrás de la nuca y la mirada fija en el techo, como queriendo reeditar en su memoria cada momento vivido. Por mi parte, ni siquiera concebía la idea de irme a dormir; me era imposible conciliar el sueño después de todo lo ocurrido hacía apenas unas seis horas.

«A estas alturas ya deberían haber publicado algo en el periódico», sugirió Liliana, y yo salí desesperado a buscar las noticias.

En menos de diez minutos estábamos leyendo los primeros ecos de una noche histórica: «FERVOROSA

MULTITUD DE JÓVENES DESBORDÓ EL ESTADIO MUNDIALISTA VÉLEZ SARSFIELD», eran los titulares de *Crónica,* uno de los más importantes voceros nacionales. «Más de cincuenta y cinco mil jóvenes y adolescentes participaron de la primera cruzada anti-drogas y también contra el terrible SIDA», decía. Y continuaba: «Anoche, a las veinte horas, el pastor Dante Gebel dirigió una cruzada de santidad en la que se dieron cita miles de chicos de todas las edades bajo el lema: "Hoy cambia la historia de la juventud", un hecho sin precedentes en Argentina…».

Otro periódico llamado *Página 12,* con un tono más sarcástico, reseñaba: «Anoche los evangelistas demostraron que son mucho más que minúsculos grupos que se dejan escuchar en las plazas populares con un altoparlante … el ministerio de Gebel creció más rápido que el éxito de una banda de rock. En la histórica noche del sábado, cincuenta y cinco mil jóvenes sellaron un pacto de santidad y castidad hasta el matrimonio…».

El semanario *Magazine de Actualidad* publicaba en sus páginas centrales una extensa nota de lo ocurrido bajo el título: «EL PASTOR DE JÓVENES QUE PROMUEVE VOTOS DE CASTIDAD», y donde se agregaba: «El lema de la reunión fue cambiar la historia de la juventud, con un precedente registrado solo en los Estados Unidos, cuando cientos de jóvenes prometieron frente a la Casa Blanca llegar vírgenes al matrimonio. El diálogo y la convocatoria de Gebel lo dan a conocer como el pastor de los jóvenes que proclaman una vida mejor...».

Otro matutino, *Clarín*, el de mayor tirada en el país, publicaba: «GOLAZO EVANGELISTA EN VÉLEZ», y explicaba: «En un marco histórico, se congregaron más de cincuenta mil jóvenes para promover la santidad».

Un sueño detestado por el diablo acababa de concretarse. Estábamos exhaustos, pero teníamos el espíritu convulsionado; miles de rostros adolescentes giraban a nuestro alrededor, recordándonos que apenas unas horas antes un estadio sede de la copa mundial de fútbol se había colmado con casi sesenta mil almas, las cuales habían tomado la decisión de pagar el alto precio del llamado supremo: la santidad.

Es casi normal ver a la gente agolparse en los estadios buscando un alivio para la enfermedad o la miseria económica, o tal vez por la sencilla curiosidad de ver algún milagro de cerca o estar a pocos metros de su predicador favorito; pero no es común que la gente colme un estadio para encarar un mensaje de santidad, y mucho menos tratándose de jóvenes. Esta vez había ocurrido lo impredecible, lo divino, lo que solo al Señor se le ocurriría: mostrarle a toda una nación que existe una generación a la que le da náuseas el pecado y toda clase de promiscuidad. Creo que el Señor sonreía junto conmigo

cuando leía los periódicos y escuchaba por las emisoras de radio más importantes de Buenos Aires que «la virginidad vuelve a estar de moda». Por otra parte, creo que la prensa fue bastante original al elaborar sus titulares. Uno en especial resumía todo lo que habíamos vivido hasta el momento; apareció en un programa de televisión transmitido por un canal capitalino que mostraba una vista panorámica del estadio lleno de jóvenes entonando un coro, en tanto que al pie de la pantalla se leía: «SANTIDAD, PASIÓN DE MULTITUDES». Cuatro palabras de la prensa secular que resumían lo que ningún teólogo hubiese imaginado.

Por supuesto que sabíamos que esta pasión era el principio de un movimiento que no conocería límites, y que lo vivido en Vélez era apenas la génesis de la historia de la juventud mundial, pero era tan increíble ver la trascendencia de la cruzada en toda la nación, que hubiésemos querido que el tiempo se detuviera por unos instantes aquella mañana en que leíamos los periódicos y veíamos en cada canal de televisión fragmentos del evento. Algunos medios solo resaltaban la participación en la reunión del antiguo gobernador Ramón Ortega (por quien oramos en la cruzada), pero aun así, Dios se valía de esa estrategia para mostrarle a todo el país a una juventud que marcaba una nueva pauta. Jóvenes dispuestos a pagar el alto precio de la santidad.

Mi deseo es que al leer cada capítulo de este libro sientas el mismo deseo que experimentamos esa mañana: que el tiempo se detenga, aunque sea por un momento, para apreciar mejor la sonrisa de Dios en el trato con sus hijos. He escrito cada página con la misma pasión que siento por él, y es mi ferviente oración que al finalizar la lectura de este libro tu hambre por conocerlo haya crecido de tal forma que se transforme en pasión, y entonces, solo entonces, podrás sonreír junto al Señor.

El establo

CAPÍTULO 1

PARALÍTICOS DEL ALMA

TODAVÍA ME PARECE ESTAR VIVIENDO el momento en que me formulé las tres famosas preguntas de la vida. Todos nos las hicimos alguna vez. O, por lo menos, todos tuvimos alrededor de trece años de edad, cuando un buen día las tres grandes interrogantes de la vida hacen que cualquier problema de las Naciones Unidas quede a la altura de un juego de niños. Esfuerza tu memoria y recuerda la mañana en que no te gustó lo que viste en el espejo, y entonces… las tres preguntas. Aparecen sin aviso y sin que las esperes. Es casi injusto que nuestra tranquila juventud se vea un día perturbada por tres sencillas interrogantes que determinarán nuestro futuro: «¿A qué me voy a dedicar?». «¿Con

quién me voy a casar?». «¿Para qué me va a usar Dios?». Trabajo. Matrimonio. Ministerio. Demasiado para una sola mañana.

Es posible que te hayas hecho estas preguntas al cumplir tus primeras dos décadas de existencia, o tal vez en la mitad de tu vida, pero inevitablemente has pasado por esa experiencia. A los trece… o a los cincuenta. Y para afrontar esas cuestiones, uno debe tener una estima de sí mismo saludable. Lo cual no fue mi caso.

Tengo varias preguntas que le haré al Señor cuando llegue al cielo, y ninguna de ellas tiene que ver con lo teológico. Una es por qué razón tuve que padecer tantos complejos durante mi adolescencia; y aunque para algunos le suene a trivialidad, para mí significó, entre otras cosas, no poder responder a ninguna de dichas tres preguntas. Por alguna curiosa razón me costaba horrores engordar y gozar de un peso normal, lo que me transformaba en alguien en extremo delgado, y si a eso le sumaba una nariz prominente, tenía frente al espejo a un acomplejado con el amor propio hecho trizas.

Todos los que pasamos por la escuela secundaria conocemos la regla número uno de la popularidad: ¡Ser un genio en los deportes! A tus compañeros no les interesa si eres bueno en el examen de historia o si logras una buena calificación en trigonometría, lo que en realidad impacta es que demuestres que el país está gestando a un futuro futbolista. Nunca comprendí esa teoría estudiantil y mucho menos entendí el fútbol o algún deporte que implique un esfuerzo mayor que levantar un papel del piso; así que, como estarás suponiendo, no fui popular y nunca me eligieron para jugar ningún deporte. A la hora de armar los equipos de fútbol, siempre quedaba fuera de cualquier posible elección.

Por lo tanto, no podía darme el lujo de pensar a qué iba a dedicarme; estaba demasiado preocupado por mi físico exiguo como para inquietarme por un oficio, un matrimonio o un ministerio.

Nunca olvidaré esos días, y tampoco creo que Dios me permitirá hacerlo. Hoy puedo saber perfectamente cómo sufren las chicas con exceso de peso, los muchachos con anteojos, los demasiados altos para su edad, los de baja estatura, los de dientes con aparatos o los muy delgados como yo. Cuando uno pasa por esas noches de autoestima destrozada, no las olvida con facilidad. Me ha tocado ministrar a personas con más de cuarenta años que viven amarradas a complejos del pasado. Son dueños de un potencial increíble, pero las heridas del pasado (superficiales o profundas) no les han permitido alcanzar la plenitud en sus vidas. Quizás pertenezcas a ese grupo, o conozcas a alguien que sufrió el ser diferente a la mayoría, no obstante, cualquiera sea tu situación, espera a que te cuente la historia más inquietante que jamás hayas oído.

DEL PALACIO AL SILENCIO

Esa mañana pudo haber sido una cualquiera. El niño se despertó en su majestuosa cuna y alguien le acercó su biberón real. Tenía cinco años de edad y todos en el enorme palacio decían que sería tan buen mozo como su padre.

«Y tan alto como el abuelo», comentaba un cortesano. Era un niño con un futuro prometedor, hijo del príncipe y nieto del rey, nada menos. Tenía un gran parecido con el Ricky Ricón de Hollywood; todo a sus pies con tan solo pedirlo.

Sin embargo, esa mañana algo interrumpió el desayuno real de nuestro futuro rey, una tragedia, algo inesperado. De pronto el palacio se transformó en un caos. Un mensajero llegó con una mala nueva, y después lo impredecible: gritos, estupor y ruidos poco familiares que el niño de cinco años no alcanzaba a comprender.

«¡El rey y el príncipe han muerto en la batalla!».

El niño no conoce el significado de la noticia, o por lo menos no percibe que su futuro va a cambiar de rumbo en los próximos minutos; después de todo, él no tiene por qué saber que ahora comenzará la cacería de brujas. Nadie jamás le dijo lo que podría suceder si su padre y su abuelo murieran el mismo día; es que esas cosas ni siquiera se comentan… hasta que suceden.

Él no entiende que, al morir el rey, su vida corre

un serio peligro, así que no es de sorprender que en medio del alboroto siga jugando con sus juguetes reales.

No obstante, la nodriza entiende algo más sobre reyes, palacios y herederos al trono, así que toma al niño en sus brazos y corre con desesperación hacia el bosque. El muchachito tiene cinco años y no tiene la culpa de que su padre y su abuelo hayan muerto en una batalla; un niñito no merece morir por intereses monárquicos.

Pese a todo, hubo un error. Un maldito error que el niño no olvidaría por el resto de su vida. La nodriza tropieza y el principito rueda por el piso. Un seco «crac» deja estupefacta a la mujer, y el niño no para de llorar: sus frágiles tobillos están ahora quebrados.

Esta no es una historia justa: el mismo día en que queda huérfano de padre y abuelo, abandona el palacio y un tropiezo de la que lo transportaba lo transforma en un tullido, un lisiado, un minusválido por el resto de su vida.

La historia narra que jamás volvió a caminar y tuvo que vivir incomunicado en el cautiverio, en un sitio llamado Lodebar, el lugar donde los sueños mueren y los reyes se transforman en mendigos.

Ahora ha pasado algún tiempo y el niño ya no tiene cinco años, posiblemente tiene trece o diecisiete, o tal vez treinta. Y llega la mañana de las famosas tres preguntas de la vida: trabajo, matrimonio,

ministerio. Pero tampoco le gusta lo que ve en el espejo, y alguien le susurra en el oído que «carece de méritos» para responder a las tres interrogantes. No califica.

Se pasó la niñez observando cómo otros niños jugaban al fútbol, trepaban a un árbol o simplemente corrían detrás de un perro vagabundo. Él estaba tullido por un error.

Los muchachos crecieron, tuvieron novias, alardearon sobre las chicas de sus sueños y dieron su primer beso. Él apenas si podía imaginarlo, estaba minusválido porque alguien lo había dejado caer. Su vida social estaba dañada; pudo haber sido un rey que con solo chasquear sus dedos habría tenido un harén a su alrededor, pero era paralítico... de los pies y del alma. Se llamaba Mefiboset.

El relato nos sorprende porque es posible que todos tengamos una historia triste para contar. Nuestra vida marcha correctamente hasta que un día, sin anunciarse y sin previo aviso, algo nos quiebra los tobillos y pretende cambiar el rumbo de nuestra existencia. La niña descubre que ya no puede sonreír cuando su padrastro se aprovecha de su infancia y le roba lo más preciado que una mujer puede tener; un muchacho siente que su corazón se destroza cuando su prometida lo abandona como si sus sentimientos fueran un juego de naipes; un hombre descubre que su socio lo está estafando sin importarle todos los proyectos que tenían en común; una dama descubre que su esposo la engaña desde hace tres años con una mujer más joven; una novia se siente morir cuando su prometido pretende manosearla; una esposa se siente violada por su marido en la noche de bodas y decide tener sexo sin alma por el resto de su vida matrimonial. «Crac». Es el sonido que sirve de denominador común en todos los casos. Alguien de pronto nos hace caer, dejándonos tullidos del corazón, paralíticos del alma.

Sin duda lo más doloroso es que en ocasiones las personas de quienes más dependíamos son las que nos dejaron rodar por el piso. De pronto la frase de una madre exasperada por los nervios nos sentencia en nuestra adolescencia: «¡Nunca cambiarás!». «¡Inútil!». «¡Torpe!». «¡Tú no eres como tu hermano!»… Palabras que nos quiebran los tobillos dejándonos a la vera del camino. Parecen frases inofensivas y hasta justificadas, pero nos marcan a fuego y en ocasiones pretenden determinar nuestro futuro.

Recuerdo que dibujaba una sonrisa cuando alguno de mis hermanos comentaba: «Dante está cada vez más flaco», y hasta soltaba una carcajada cuando el profesor de educación física se burlaba de mis piernas endebles para los deportes. También supe disimular cuando un líder me señaló con su largo dedo índice y sentenció: «Dios nunca te utilizará, él no usa a los rebeldes», sin embargo, por dentro sentía que

esos «crac» intentaban arrancarme del palacio y transformarme en un mendigo.

Claro que mi historia, como la de Mefiboset, no tiene un mal final. La Biblia narra en 2 Samuel 9 que una tarde el rey David (que había relevado en el trono a Saúl) pregunta si acaso existe alguien de la antigua monarquía, de la casa de Saúl, que pueda estar vivo, ya que el rey desea cumplir un viejo pacto hecho con su difunto amigo Jonatán. Alguien cercano al trono, llamado Siba, le comunica al rey David que en efecto en Lodebar se encuentra el hijo de Jonatán, el nieto de Saúl, alguien al que le correspondía el palacio... pero vivía en cautiverio. Y entonces ocurre lo impredecible, el rey quiere que busquen a Mefiboset y lo traigan a su mesa. David desea devolverle su condición de príncipe.

Ese día siempre llega para los minusválidos del alma. El vocero del Rey irrumpe un día en tu Lodebar, desenrolla un pergamino y lee en voz alta: «El edicto real proclama que regresas a tu lugar de origen, pasando por alto tus heridas y complejos. El Rey ha dispuesto que te sientes a la mesa junto a los demás comensales, a partir del día de la fecha».

Aquel que nadie quería en su equipo de fútbol de la secundaria de pronto pasa a jugar en las ligas mayores. El que fue llevado en brazos del palacio al silencio, ahora regresa en brazos del silencio al palacio. Mefiboset ha vuelto a casa, a sentarse a la mesa real, donde los rollizos olvidan su peso y los de baja estatura se sienten gigantes; donde los tobillos cicatrizan y la caída solo es un recuerdo del pasado.

CICATRICES QUE PERDURAN

No podría terminar este capítulo sin agregar algo fundamental que oí de labios de un querido amigo y hombre de Dios llamado *Italo Frígoli:* «Las heridas sanan, pero no te avergüences de la cicatriz; recuerda que hay alguien que lleva cicatrices en sus manos y no se avergüenza de tenerlas».

Cuando tenía unos quince años, me accidenté en una carpintería y me lastimé los dedos de la mano derecha; me hicieron una pequeña operación y me colocaron un yeso. El médico dijo que cuando me quitaran las vendas tendría que ejercitar los dedos hasta recuperar la movilidad normal, y así sucedió. Sin embargo, ocurre algo curioso con mi mano hasta el día de hoy. Cuando hay humedad en la atmósfera, siento un leve dolor en los dedos; la molestia me recuerda que hace quince años algo le sucedió a mi mano derecha. No hay nada defectuoso en ella, pero con los cambios de temperatura me doy cuenta de que alguna vieja molestia aún perdura. No hay infección ya que pasó mucho tiempo, pero la marca se hace sentir una que otra vez.

Todos los que estuvimos alguna vez en Lodebar hemos sido restaurados a la mesa del Rey, pero nos enojamos cuando regresan los recuerdos del cautiverio, nos molesta que Dios no nos haya borrado de la mente el día en que alguien nos dejó caer. Esto ya no está presente en el corazón, aunque en ocasiones regresa a la mente.

He orado muchas veces con respecto a este tema. Una noche, luego de una reunión que celebramos en Uruguay, el Espíritu Santo me mostró de manera clara que los cristianos tenemos alrededor de un año de «vida fértil», ese famoso tiempo del «primer amor», en el cual le predicamos a todo el mundo. Casi no podemos creer que Dios nos haya rescatado de nuestro Lodebar, así que queremos hacer por otros lo que hicieron por nosotros: vamos en busca de los Mefiboset, de los otros paralíticos del alma. Sin embargo, luego de un tiempo, nos transformamos en religiosos y nos olvidamos de los quebrantados. Los demás tullidos dejan de ser almas necesitadas del amor de Dios para transformarse simplemente en «los mundanos», y olvidamos que nosotros también una vez necesitamos de alguien que nos fuera a buscar.

Es que la mesa del Rey es tan confortable que la memoria se nos vuelve frágil. Por eso el cambio de clima evoca tu vieja herida. Ese recuerdo del pasado regresa por un instante para que rememores que mientras lees estas líneas, hay otros que sueñan con volver al palacio y sentarse a la mesa.

El deseo del Rey es que nunca te sientas demasiado cómodo como para desistir de ir a buscarlos.

CAPÍTULO 2

LOS TRES JORDANES

ME FASCINA EL «ESTILO» DE DIOS. Un importante hacendado decide contratar empleados para que trabajen en su campo por… digamos unos cincuenta dólares al día. Deben comenzar temprano por la mañana, ya que hay mucho trabajo que hacer. Al mediodía contrata una decena de obreros más. Hace lo mismo a las tres de la tarde. Finalmente hace algo inesperado: casi cuando la jornada está por finalizar, sigue contratando obreros para su campo. Y una cosa más insólita aun: les paga lo mismo a todos. Los que trabajaron desde la mañana y soportaron el fragor del día, no terminan por entenderlo; no es justo, no es equitativo. Los últimos trabajaron muy poco para

merecer la misma paga. El hacendado sonríe. Él contrata a los que quiere y les paga lo que le place. Este es el «estilo» de Dios.

Otra historia. Un jovencito bien parecido posee una túnica de colores que sus propios hermanos detestan. Ellos se han preguntado una y otra vez por qué él tiene preferencia, pues no ha hecho nada para merecer la túnica. Este muchachito es un obrero de la última hora, acaba de llegar y no tiene «la experiencia» de sus hermanos mayores, y por si fuera poco, también dice soñar cosas extrañas.

Por último deciden arrojarlo en una cisterna y venderlo como esclavo. «Nos deshicimos de él», comentan orgullosos. Años después, los victimarios están inclinados ante el muchachito de la túnica, que ahora es un hombre eminente que abrirá los graneros para darles de comer. Se trata del inconfundible «estilo» de Dios que toca lo que no es… para que sea.

Hay cientos de historias más. Pinos y cipreses sorprendidos de que el Creador utilice una vil zarza para hablarle a Moisés. Un ejército atónito que todavía no digiere que un muchachito pastor de ovejas acabe con un gigante filisteo. Vecinos de Capernaúm que no pueden creer que el Maestro haya elegido a un tosco pescador llamado Pedro. Religiosos que no aceptan bajo ningún punto de vista que el Mesías decida nacer en un establo de un remoto pueblito llamado Belén. «Sucede que ningún avivamiento comienza en un establo», dicen los eruditos tratando de buscar una explicación lógica, y agregan: «¿Puede venir algo bueno de un establo?». En teoría no, pero según el «estilo» de Dios todo es posible. Él puede contratar obreros al ocaso del día y transformar esclavos en gobernadores, pastores en reyes, pescadores en discípulos y establos en palacios.

El 1 de mayo de 1975 toda mi familia aceptó a Cristo como Salvador personal, y ese mismo día mi madre fue sanada de un cáncer terminal. Literalmente nuestra vida fue transformada; hoy mis padres le sirven al Señor como ancianos en una iglesia de Buenos Aires y están involucrados de manera intensa en la obra de Dios.

Por ser el menor de cuatro hermanos, aprecié casi como un espectador lo que Dios hacía en los años setenta y ochenta a través de grandes hombres de Dios como Billy Graham, Carlos Annacondia y Yiye Ávila, entre otros. Lograba sorprenderme con el Dios hacedor de milagros, pero no podía concebir la idea de que ese mismo Dios algún día pudiera usarme. «No estoy dentro del modelo estándar que Dios utiliza. Dios solo unge a los estadounidenses como Graham, o a raras excepciones como Carlos Annacondia, pero nunca lo ha hecho con un jovencito de Argentina», comentaba. Crecí con esa teoría y estuve a punto de aceptarla de por vida.

Gran parte de mi juventud transcurrió en iglesias conservadoras, donde se suponía que Dios solo podía depositar sus dones sobre algunos «elegidos». Aún recuerdo a esas hermanas que eran «propietarias» del don de la profecía e iban por la vida prediciéndole el futuro al resto de la congregación, así como a otros que decían que recibían sus sermones en visiones durante la noche. Pasé más de una década escuchando diálogos tales como:

—Pastor, anoche soñé con dos bestias que querían atacarme; eran como gigantescos dragones, pero yo tenía una espada en una mano y sostenía una bolsa con oro en la otra, y con la espada destrocé a los dragones. Entonces apareció un gigante y me dijo…

—¡No me cuente más! Está muy claro. Dios le está mostrando que usted tiene un ministerio evangelístico.

A la distancia me causa risa, pero sinceramente nunca entendí qué era lo que estaba tan claro. Lo cierto es que las presuntas revelaciones solo conseguían aumentar mi frustración, puesto que nunca había logrado percibir algo sobrenatural.

Estuve casi siete años buscando el bautismo del Espíritu Santo, y la gente que había vivido la experiencia relataba testimonios de haber sentido extraños calores y sensaciones fuertes. Yo me ponía tenso y trataba de repetir «aleluya» lo más rápido posible para lograr que la lengua se trabara y de esa forma balbucear alguna jerga extraña, pero no resultaba. Una tarde, una hermana se me acercó y me dijo al oído durante la oración: «No estés tenso, el bautismo en el Espíritu es un regalo, vendrá cuando menos lo esperes». Fue lo más cuerdo y sincero que oí por aquellos años. A la semana, el Espíritu Santo me visitó con su promesa en mi habitación. Tan sencillo como eso. Sin trompetas angelicales ni dragones gigantescos; simplemente un regalo casi silencioso.

Sin embargo, de modo paradójico, el bautismo del Espíritu me llenó de dudas. ¿Por qué no entraba en éxtasis al momento de hablar en lenguas? ¿Por qué nunca lograba tener visiones? Ahora no solo me sentía frustrado, sino también bajo presión. Además, en el caso hipotético de que Dios me usara, ¿cómo podría servirle? Conocía muy poco la Biblia como para aspirar a ser un predicador; también recuerdo que alternaba entre tocar la batería de la iglesia y dirigir los coros durante la reunión. Mi futura vida ministerial era un conflicto.

Disfruto al escribir este capítulo porque soy consciente de la gran cantidad de personas que han tenido que desfilar por estas tres estaciones: frustración, presión y conflicto. Todos los que fuimos tocados al «estilo» de Dios pasamos indefectiblemente por ellas. Es el recorrido inevitable que deben realizar los establos hasta transformarse en palacios.

LAS TRES ASIGNATURAS DEL MINISTERIO

Nunca pude llevarme bien con las matemáticas. Mucho menos con los profesores que se empeñaban en enseñármelas. «Si acaso mi futuro está en el reino», filosofaba en aquellos años de secundaria, «¿de qué me sirve solucionar un problema de regla de tres compuesta?». Nunca nadie supo darme una respuesta lógica, pero lo cierto era que si no alcanzaba el promedio, tendría que hacer el examen de nuevo. «Nos vemos en marzo, Gebel, y espero que venga preparado», decía entre dientes mi profesor, mirando por encima de sus gafas y sonriendo como quien sabe que va a devorar a su presa. Así funcionaba: no me entregarían mi certificado hasta contestar el examen de forma correcta. Llegué a realizar cinco veces la misma prueba, hasta transformarme en una especie de matemático crónico. Si a estas alturas te estás sonriendo, es porque seguro conoces a alguien en condiciones similares, quizás en la escuela del ministerio.

De pronto Dios decide tocar a un simple establo que apenas puede creer que lo hayan tenido en cuenta. Tembloroso, levanta una mano (si acaso los establos tuvieran manos) y musita: «Oh, Señor, qué privilegio, sígueme usando en lo que sea». ¡Qué emoción! ¡Qué cuadro tan romántico! Pero esto de transformarse en un palacio implica mucho más que la emoción de correr al altar un domingo por la mañana; acabas de entrar a la «universidad» del ministerio, y no te entregarán tu certificado hasta tanto apruebes todas las materias correctamente y obtengas buenas calificaciones. Unos tardarán años en graduarse; otros, unos pocos meses, y algunos hasta se transformarán en «matemáticos crónicos». A estos últimos los observarás haciendo el mismo examen de por vida: «Hace unos años Dios me había sanado de esta misma enfermedad que ahora padezco; no sé qué pudo hacer que regresara»... «El Señor me había dado un buen empleo, pero duró poco tiempo; ahora estoy buscando trabajo de nuevo»... «Creí que había superado el mal carácter, pero no sé lo que me sucedió; reaccioné mal y volví a perder el control»... «Tenías que haber visto cómo me usaba Dios; ahora estoy un poco estancado, pero antes era algo increíble»... Gente haciendo una y otra vez el mismo examen y ni siquiera sospecha que está cursando la universidad de Dios. Gente como tú, como yo... o como Naamán.

EL JORDÁN DE LA FRUSTRACIÓN

La Biblia narra la historia en el segundo libro de los Reyes, capítulo cinco. En lo personal, oí hablar del tema por primera vez a través del decano del Instituto Bíblico. Aunque conocía el incidente, nunca lo había visto de esa manera.

El general del ejército del rey de Siria está enfadado.

En realidad se encuentra molesto. Pocas veces sus servidores lo han visto tan inquieto. Es que el hombre que ganó mil batallas no sospecha que está siendo procesado al «estilo» de Dios.

Es ridículo, vocifera el general, *he recorrido miles de kilómetros para que el profeta orara por mi lepra, y lo único que encuentro es la noticia de que me tengo que zambullir... ¿Cuántas veces dijo? ¡Siete! ¡Siete veces en el río Jordán! ¡Esto es inaudito! ¡Es sencillamente una falta de respeto!*

Siete veces en el río Jordán. Nada menos. La comitiva de Naamán no sale de su asombro, cuchichean por lo bajo y alguien hasta deja escapar una risita ahogada. Naaman evalúa su situación. En realidad, sabe que no está en condiciones de elegir; al fin y al cabo es él quien tiene la lepra, y este profeta *impertinente y excéntrico* posee la única cura aparente. Ahora ya no está enojado; se siente frustrado. Él se imaginaba otro recibimiento; tal vez una imposición de manos o alguna palabra *mágica* hubiera sido suficiente, pero jamás imaginó siete zambullidas.

Es que la voluntad de Dios siempre es frustrante para la carne. Podemos jurar que vendrá a los religiosos... y come con los pecadores; suponemos que eligirá a un doctor en «divinidades»... y se fija en Simón Pedro; creemos que lo encontraremos en el terremoto... y está en el silbo apacible. Es el impredecible «estilo» de Dios que nos termina zambullendo en el Jordán de la frustración.

Quiero que juntos hagamos un poco de memoria y recordemos las ocasiones en que nos sucedió lo del pomposo general de Siria.

Se dice que existen tres ópticas de uno mismo: cómo te ven los demás, cómo te ves a ti mismo y cómo eres en verdad. Y por alguna curiosa razón consideramos más importantes las dos primeras. Sin embargo, al final descubrimos que no somos lo que algunos piensan de nosotros. Alguien nos susurra: «En realidad usted debe ser muy espiritual; cuando pasó al púlpito sentí una tremenda unción». Sonreímos y nos mostramos agradecidos… pero en el fondo sabemos que esa no es la verdad. Terminamos de dirigir la alabanza, nos miramos en el espejo del lavabo y nos decimos: «Creo que los impresioné. Debo tener algo que otros no tienen». Nos mentimos y logramos una felicidad pequeñita y pasajera… pero esa tampoco es la verdad, y lo sabemos.

La realidad es que la semana pasada el carácter nos dominó y dijimos lo que debíamos callar, prometimos buscar a Dios en oración y nos quedamos dormidos, y juramos amor eterno a quien no volveremos a ver. Así somos. Estamos en el proceso de madurar, en la Universidad de Dios, y las calificaciones de nuestro examen aún no son las suficientes. Y nos frustramos.

Esperábamos un «toque» milagroso e instantáneo, no tantas zambullidas.

Sigamos haciendo memoria. El día en que el evangelista reveló su método de oración, o en el momento en que el próspero pastor nos compartió su fórmula para el crecimiento de la iglesia, creímos que sabíamos cómo fabricar pólvora, pero no nos dio resultado. Otra frustración, mientras Dios continuaba diciéndonos: «Busca tu propio monte, no te subas a los ajenos».

Quiero que observes con detenimiento al general sirio. *Yo me enteré que este mismo profeta, se dijo, le impuso las manos a un leproso para que sanara. Debo ser el primer caso que tiene que zambullirse en un río para recibir sanidad… no comparto este estilo… debe existir otra manera.*

Posiblemente sí exista. No obstante, un estudiante en la universidad de Dios nunca decide cómo tomará el examen.

EL JORDÁN DE LOS CONFLICTOS

¿Acaso los ríos de Damasco, el Abaná y el Farfar, no son mejores que toda el agua de Israel? La pregunta de Naamán no era descabellada, de haberlo sabido se habría zambullido en un río más apropiado para un general, en lugar de en uno tan pantanoso como el Jordán. *Tiene que existir la posibilidad de otras opciones,* piensa el valiente guerrero que libró

cientos de batallas, pero que ahora no puede resolver un simple conflicto.

Sin exagerar, en momentos como este sentimos que jugamos a la ruleta rusa; existen varias alternativas, pero un error puede ser fatal. Hasta que al fin logremos sensibilizarnos a la voz de Dios, a diario nos encontraremos con la disyuntiva de elegir entre el Jordán u otros ríos. El conflicto también es una materia que debemos cursar.

El rey Nabucodonosor mira a los tres jovencitos y les dice: *Ustedes deciden: adoran a la estatua de oro que levanté o son echados en el horno de fuego* (Daniel 3). Sadrac, Mesac y Abednego se sienten contra la pared; tienen dos opciones y un conflicto que resolver. Afortunadamente, deciden hacer lo correcto; no se postrarán ante ningún dios de metal, producto del capricho de un monarca. El resto es historia conocida. Aprobaron el examen y se llevaron los elogios del mismísimo rey.

El faraón le hace una propuesta a Moisés: *De acuerdo. Puedes llevar a tu pueblo fuera de Egipto, pero deja las ovejas y el ganado* (Éxodo 10:24). Es casi lógico lo que este señor esclavista está pidiendo. Es una pequeña comisión que se cobrará el administrador de Egipto por dejarlos irse en paz. El faraón hace la propuesta y Moisés es el que debe resolver el conflicto. Está pensando mientras se rasca su tupida barba. Por último, Moisés decide: *Ni una pezuña*

quedará en Egipto. Nos llevamos todo. El hombre más manso de toda la tierra está decidido a aprobar su examen.

El apóstol Pablo escribe sobre su conflicto a los hermanos de Filipos: «Me siento presionado por dos posibilidades: deseo partir y estar con Cristo, que es muchísimo mejor, pero por el bien de ustedes es preferible que yo permanezca en este mundo» (Filipenses 1:23-24).

Este hombre sí que tiene un gran conflicto; él no está preocupado por saber si el Abaná y el Farfar son menos pantanosos para darse un baño. Está considerando morirse para estar con Cristo. Sin embargo, decide que es mejor vivir porque todavía hay mucho por hacer.

Habría cientos de historias más, no obstante, regresemos a nuestro general de Siria. Está leproso y tiene que decidirse pronto; los caminos alternativos no son demasiados pero son tentadores (siempre ocurre así). «Creo tener el llamado para ser misionero, pero me encanta la evangelización y las campañas masivas». «Aunque me dijeron que lo mío era dirigir el coro de la iglesia, una partecita de mí quisiera dedicarse a la enseñanza bíblica». «Siento que amo a Carlos, pero aún me siento atraída por Roberto, y me cuesta olvidar la caballerosidad de David». O el cotidiano conflicto de: «Sé que le prometí a Dios orar, pero justo hoy pondrán mi película favorita por la televisión». Si elegimos lo correcto, continuamos en la carrera, y si no, reprobamos la materia.

EL JORDÁN DE LAS PRESIONES

Los criados de Naamán tienen otra óptica de la situación. Uno de ellos toma la palabra y le dice a su señor: *¿Si el profeta le pidiera una gran cosa, no la haría? Cuanto más si lo único que le exige es que se lave en el Jordán.* Naamán se siente doblemente presionado: por la lepra y sus servidores. Se siente presionado a hacer algo que quisiera pasar por alto, pero no hay alternativa.

Mi esposa y yo hemos vivido estas presiones a lo largo de todo nuestro ministerio, y decirte que estás exento de ellas sería como venderte un fiasco. No siempre he ido a mi lugar secreto de oración impulsado por el deseo de orar; en la mayoría de las ocasiones la disciplina me condujo a doblar las rodillas por largas horas... hasta que llegó el deleite.

En ocasiones me gustaría decir: «Bueno, no tengo que orar o prepararme demasiado para predicar, al fin y al cabo, el que realiza la obra es el Señor», sin embargo, siento la presión de estar ungido. Si no entreno mi oído espiritual, no oiré al Señor cuando esté ante un centenar de personas que desean un fresco «esto dice Jehová».

La persona que tiene un ministerio en los hospitales no disfruta del dolor ajeno. Su lugar de trabajo no es acogedor ni tiene un público que aplauda sus logros, no obstante, siente la presión de buscar a los que sufren. No quisiera, pero lo hace. Lo mismo ocurre con el que lleva un mensaje de esperanza a las cárceles. O con el misionero que nota que sus pies están ampollados de caminar. O simplemente con el pastor que desearía quedarse en cama hasta el mediodía, mas tiene una grey que lo espera con la sed de un sermón fresco. Presiones en la escuela del ministerio.

Desde hace nueve años he recorrido con mi esposa nuestro país de punta a punta, así como una gran parte de países de todo el mundo, algo que algunos envidiarían… excepto que a mí no me gusta viajar demasiado. Detesto el momento de preparar el equipaje, alistar los documentos del viaje, revisar el itinerario, perder interminables horas en algún aeropuerto para lograr una conexión aérea y pasar las noches en frías habitaciones de hotel, en ocasiones lejos de mi familia. Pero no siempre cuenta lo que me gusta, ya lo mencioné antes: un estudiante no decide qué características tendrá su examen. Las frustraciones, los conflictos y las presiones son parte de nuestra preparación para el ministerio; son las asignaturas ineludibles que deben cursar a diario los obreros de la última hora.

Ah, casi nos olvidamos de Naamán. Les digo que al final el general, muy a su pesar, se zambulló siete veces en el Jordán y su carne quedó como la de un niño. Aprobó la materia, y se lo contó a sus nietos.

CAPÍTULO 3

AVES DE RAPIÑA

«DEBE HABER ALGO EN NUESTRAS VIDAS** que no está correcto», dijo mi esposa mientras hacía garabatos en una servilleta de papel. «No concibo la idea de que todo nos esté saliendo mal sin ninguna razón».

Liliana acababa de formular una sencilla frase que como simple mortal pude haber pasado por alto. Pero para mí no fue solo una frase; más bien me sonaba a epitafio. Ella había dicho que «todo nos está saliendo mal», y eso me incluía como sacerdote de la casa. Ese «todo» involucraba matrimonio, empleo… y ministerio. Y lo peor, tenía razón.

Vi por primera vez a Liliana en el año 1985 durante una campaña evangelística de Carlos Annacondia en San Martín, Buenos Aires, pero ella ni siquiera

se dio cuenta de que yo existía. Luego me volví a encontrar con ella en 1989 y le propuse matrimonio; entre los dos promediábamos las dos décadas de vida. Ella era hija de pastores, estudiaba en un seminario bíblico y decía que soñaba con casarse con alguien que tuviera un gran llamado de Dios. Este servidor apenas si entendía los misterios del Señor, no estudiaba y me había enamorado de Liliana. El Señor hizo el milagro, y el sentimiento fue recíproco: fuimos novios durante seis meses y después nos casamos. Todo correcto y en el marco de la santidad. Fuimos amigos, oramos, nos hicimos novios, nos respetamos y nos casamos ante la ley y la iglesia. Sin embargo, en el primer año de nuestra vida conyugal, mi esposa tortura una servilleta con un lapicero mientras dice: «Todo nos está saliendo mal», e ilusamente espera que yo permanezca callado. Sentí que mi orgullo se desmoronaba ante la mujer de mi vida.

—Yo no creo que esté todo mal —dije con cierto aire de omnipotencia machista—. Perder un empleo no significa la muerte; además tengo planes y algunos proyectos que estoy seguro resultarán.

Liliana apenas si me escuchó.

—Estoy convencida de que hay algo que no está funcionando bien en nuestra vida espiritual —agregó—. No nos estamos ajustando a la perfecta voluntad de Dios, puedo percibirlo.

Debía reconocer lo que hasta el día de hoy sigo

sosteniendo: la mujer que el Creador me entregó siempre fue muy sensible al mundo espiritual. Si las damas poseen un sexto sentido, la mía tiene un séptimo. En realidad las cosas no habían estado marchando bien en ningún área de nuestras vidas.

Habíamos rentado nuestra primera casa y se nos llenó de humedad. El pastor de la iglesia donde nos congregábamos me había sugerido que por un buen tiempo permaneciera sentado en la banca, y las fricciones en el matrimonio aumentaban a causa del apremio económico. Trivialidades de la vida cotidiana… solo para los que las contemplan desde afuera.

La crisis llegó a su punto máximo cuando, de la noche a la mañana, me quedé sin empleo de manera injusta. Me costó mucho tiempo aprender que el ministerio, el matrimonio y la economía van de la mano, pero en aquel entonces me hubiese bastado con que solo una de las tres áreas resultara más o menos bien. Literalmente habíamos tocado fondo y nuestro ánimo estaba por el suelo. Hasta que una fría madrugada de junio ocurrió lo que yo jamás habría soñado.

En el primer capítulo te conté que nunca había tenido una gran revelación. Hice todos los esfuerzos posibles, pero nunca experimenté el toque sobrenatural de Dios. Esa noche fue diferente. Nos encontrábamos quebrantados y dependiendo de la misericordia de

Dios. Nos arrodillamos junto a un calefactor que apenas lograba entibiar el ambiente. Oramos juntos casi hasta las dos de la madrugada, momento en que Liliana, vencida por el cansancio, decidió irse a dormir.

«Voy a quedarme unos minutos más», dije con más desesperación que fe. Ni siquiera imaginaba que el Gran Hacendado estaba a punto de contratarme a la hora undécima. Jamás hubiese sospechado que en unos minutos él tocaría en mi establo semiabandonado.

DENTRO DE LA CARPA

La historia de Génesis 15 se parece a la mía, o por lo menos coincide en algunos puntos. Abram se encuentra dentro de su tienda de campaña, y el panorama visual es poco prometedor. El patriarca observa a su alrededor y solo ve una cosa: lona. Por delante, hacia los lados y detrás… solo lona.

Los pensamientos lo abruman. Se le está yendo la vida y el hijo anhelado que Dios le prometió tarda en llegar; su saldo actual solo es una promesa diferida. Creo saber lo que está sintiendo: más desesperación que fe. Y entonces sucede. Siempre ocurre en este punto. Cuando solo se vislumbra lona por los cuatro costados, estamos a punto de ingresar en la escuela de la fe.

La Biblia narra en el versículo cinco del mencionado capítulo de Génesis que el Señor «lo llevó fuera». En primera instancia, Abram tenía que salir de la carpa… o no contemplaría la visión. Algo así me sucedió esa noche. Yo tenía una lista de fracasos que reprocharle al Señor y una serie de derechos y heredades que reclamarle; quería hablarle de mi casa con humedad, mi ministerio estancado y mi economía enferma. Lona, lona y lona; no se puede pretender ver otra cosa dentro de una carpa de desesperación. Si no me crees, observa por un momento al padre de la fe y te causará gracia ver cuánto nos parecemos a él. *Bueno, creo que cuando Jehová me prometió un hijo, tal vez lo dijo de forma simbólica y yo me lo tomé al pie de la letra. No debí haberme ilusionado con esa historia de que voy a ser el padre de muchos, si ni siquiera he podido tener un solo hijo… Además, a esta edad es demasiado ambicioso pensar que voy a ser padre… Bueno, tal vez hice algo incorrecto y Dios cambió de parecer. Es muy probable que se haya arrepentido.* Es la popular lona de la desesperanza; todos hemos estado allí en alguna ocasión… hasta que él decide llevarnos fuera.

Abram obedeció y salió de la carpa. Entonces Dios le dijo: «Mira hacia el cielo y cuenta las estrellas, a ver si puedes. ¡Así de numerosa será tu descendencia!». Creo que Abram lloró cuando contempló esta visión y escuchó esta voz… la misma que oí esa fría noche de junio.

Fue la primera visión de mi vida, mi primer encuentro con Dios. Pude ver estáticamente, como si alguien proyectara un filme sobre la pared, enormes estadios colmados con jóvenes de todas las edades. La gran mayoría lloraba mientras hablaba nuevas lenguas; algunos sostenían grandes pancartas y gigantescos carteles que decían: «Santidad a Jehová», «Tres veces Santo» y otros similares que se relacionaban con un atributo de Dios elevado a la tercera potencia: la santidad.

Mientras contemplaba la visión, me debatía entre seguir observando o despertar a mi esposa. No era como siempre imaginé que sería una visión: llena de códigos indescifrables, dragones y jinetes a los cuales había que buscarle un significado. Esta era sencilla y majestuosa a la vez; como si el Señor me estuviera mostrando lo que iba a ocurrir, filmado con ocho cámaras al mismo tiempo y luego editado de forma magistral.

Vi a los jóvenes en todos los planos y desde todos los ángulos. Como Abram, me era imposible contar las estrellas, pero allí estaban, fuera de la carpa. Por un momento mis dificultades se minimizaron al punto de hacerse invisibles. Me veía caminando por el césped de esos estadios monumentales mientras que decenas de miles de jóvenes entonaban un coro que, con honestidad, hasta el día de hoy no he podido recordar. No obstante, jamás he olvidado esas imágenes que llegaron como un oasis en medio del desierto. El Señor me estaba ofreciendo una panorámica general de lo que podía hacer conmigo si tan solo me ponía en sus manos. La visión se fue disipando en tanto que mis ojos se empañaban con las lágrimas. Pocas veces en mi vida he sentido tantas emociones juntas: deseos de llorar, reír, hablar, quedarme callado, saltar o simplemente esperar. Nunca he olvidado mis primeras palabras luego de la visión, quizás porque fue la oración más honesta y sencilla de mi juventud: «Padre, si me dieras una oportunidad de servirte, te ruego que me entregues a los jóvenes de mi país, dame sus oídos, y yo te prometo que los conduciré hacia tu santidad». Mencioné esto último debido a los carteles que pude leer en la visión. Por lo poco que entendí, esas multitudes que acababa de ver habían sido convocadas solo por la santidad. Una locura total. Jóvenes buscando ser santos. Bien al «estilo» de Dios.

Dios pudo haber escogido un palacio, pero eligió proyectar el «filme» en un establo, algo increíble si se tiene en cuenta que jamás le había predicado a un solo joven. La visión era casi una utopía, sin embargo, no pudo haber sido más oportuna. Desperté a Liliana y le hablé de lo ocurrido: «Dios nos acaba de dar un ministerio con la juventud», le dije aún emocionado. «Justo hoy que dijimos que las cosas no estaban saliendo bien, el Señor me acaba de presentar una visión».

Nunca me atreví a preguntarle a mi esposa qué le cruzó por la mente esa madrugada, pero de algo estoy seguro: ninguno de los dos regresaríamos a la carpa. Ahora, por primera vez, estábamos afuera, contando estrellas.

CONSTRÚYEME UN ALTAR

Hace un tiempo atrás fui invitado a predicar a uno de los congresos más importantes de Chile, y allí el Señor me permitió conocer personalmente a un hombre de Dios oriundo de Brasil, el cual tiene una gran iglesia en Cúcuta, Colombia: Satirio Dos Santos, y con el que en la actualidad mantenemos una bella amistad.

En uno de sus mensajes se refirió a que existen tres grupos de personas: los pasivos, los realizadores y los triunfadores. Los primeros son aquellos que viven en una pasividad constante; nada los conmueve ni los moviliza, y lo peor es que carecen de sueños. La Biblia menciona que un pueblo sin visión se dispersa, no se dirige hacia ningún sitio. Así son los pasivos, fáciles de conformar y sin deseos de intentarlo otra vez; simplemente se dejan llevar por las circunstancias.

El segundo grupo está compuesto por los realizadores. Son aquellos que luchan por lograr un objetivo. Su meta es realizar la visión que se han impuesto; son luchadores, tenaces y no descansan hasta lograrlo. Sin embargo, tienen un defecto muy notorio: cuando al fin alcanzan su meta, cuelgan su diploma en la pared y ese día comienzan a morir. Los tienes que haber visto; luchan por alcanzar el objetivo, y cuando lo tienen, no le encuentran más sabor a la vida. Me ha tocado predicar en grandes templos cuyos pastores habían luchado más de treinta años para construir una catedral, pero ahora no sabían en qué ocupar su tiempo. Habían terminado el trabajo y solo les restaba «aguardar la venida de Cristo».

Los últimos son los que más escasean. Los triunfadores. Sufren de «insatisfacción santa» y de un hambre por las metas que jamás se disipa. También son tenaces como los realizadores, pero a diferencia de estos los triunfadores jamás claudican, y cuando alcanzan un objetivo lo utilizan como «plataforma de lanzamiento» para un nuevo logro. Están tocados por una doble dosis de ambición espiritual. Ellos no se conforman con un solo sermón el domingo, ni una imposición de manos del evangelista más popular, o una palabra profética. Quieren más. Van siempre «por lo mejor».

Abram pertenecía a este grupo selecto. Dios le ordena salir fuera de la carpa, le muestra los confines de los cielos y le dice que su descendencia se comparará con las lumbreras del firmamento. Un pasivo no se habría inmutado (y presumo que tal vez Dios ni siquiera le hubiera hablado); un realizador comenzaría a recorrer las iglesias contando la gran experiencia de cómo el Señor le habló (o quizá le hubiera hecho la oferta de escribir un libro); pero un triunfador quiere más. Mucho más que promesas. Deseo que observes la imagen: Dios está ofreciéndole al patriarca una especie de cheque diferido a pocos días, pero nuestro triunfador quiere *cash*... dinero en efectivo para usar en seguida.

¿Te sientes identificado? Posiblemente no sospechabas que tú también pertenecías al grupo de los que siempre anhelan más, hasta que Dios tocó tu establo.

Esa madrugada de junio sentí que había experimentado lo máximo, pero solo fue el inicio de un hambre intensa por conocer más de él. Creo que esta es la forma en que el Señor toca a sus hijos: nos deja con deseos de un poco más. No me bastó la visión en la pared; ahora quería los detalles. Necesitaba saber cómo iba a ocurrir la metamorfosis del establo en palacio. Me desesperaba por conocer la estrategia para que esos estadios que vi en la visión se hicieran realidad. No tenía la más pálida idea de cómo un simple muchachito de veintidós años podría predicarle a miles de jóvenes. Ah sí, quería los detalles. Hora, fecha y lugar. Cómo, cuándo, dónde y por qué. Y si crees que solo tú y yo somos los impertinentes, te propongo que le demos otro vistazo a la historia de Abram.

Ahora está fuera de la carpa. Debería bastarle lo que Dios acaba de mostrarle, pero nuestro amigo quiere algo que pueda palpar. No necesita otra promesa más. *Quiero saber en qué conoceré que he de heredar esta promesa*, dice. Abram quiere garantías. Está determinado a que Dios le diga un poco más. Ahora bien, ¿qué crees que hace Dios cuando se encuentra con un triunfador? ¿Cómo reacciona el Creador ante alguien con determinación? Para Dios esto no es nada nuevo, pues ha tratado con ellos a través de la historia.

Una mujer que sufre de flujo de sangre y que se abre paso por entre la multitud tan solo para tocar su manto. Cuatro amigos que le hacen un boquete al techo para bajar a un camarada lisiado ante el Maestro. Un ciego que ignora a los que pretenden callarlo y sigue gritando a voz en cuello que el hijo de David tenga misericordia de él. Alguien más que se sube a un árbol para poder verlo.

Determinación. Vida o muerte. O Dios te toca, o explotas. Me cuesta entender a los que dicen: «Dios sabe lo que necesito; si quiere dármelo, simplemente lo hará». Pasivos que esperan que la unción golpee a su puerta.

Permíteme ilustrarte lo que sucedió en Capernaúm, según San Marcos 2. Cuatro amigos cargan a un paralítico y pretenden llevarlo ante el Mesías, sin embargo, el lugar donde en esos momentos Jesús predica está colmado.

—Es imposible llevarlo ante el Mesías —dice uno—. Si él lo sabe todo, sabrá que estamos aquí afuera.

—Tal vez yo pueda averiguar cuándo ofrecerá otro servicio —propone el segundo—. Así lo podremos traer luego.

—Bah, no debe ser deseo de Dios que nuestro compañero se sane —resopla el tercero—. Si Dios quisiera sanarlo, se hubieran allanado las circunstancias.

El cuarto amigo es un triunfador. Mira con detenimiento a su prójimo lisiado y percibe la desesperación en sus ojos. Tal vez no exista «una próxima vez»; es posible que esta sea la única ocasión en que el destino y la providencia de Dios lo ponga tan cerca del hacedor de milagros.

—Hay que acercarlo como sea —dice resueltamente—, aunque haya que romper el techo en el intento.

A Dios le fascina este tipo de gente. Él no puede confiarle un ministerio a aquel que espera «hasta el próximo servicio». Él no puede darle detalles de una revelación a los que esgrimen la frase: «No será de Dios». Alguien le llamó a esto «pereza disfrazada de reverencia».

Ahora Abram también está dispuesto a romper un techo de ser necesario. *Quiero detalles; necesito garantías*, señala.

—Así que tú eres de los que no se conforman con poco —dice Dios.

—No interpretes que no te creo —responde tembloroso el padre de la fe—. Es que no quiero más promesas ni palabras proféticas… Quiero que hagas un pacto conmigo.

—Bien. Entonces, constrúyeme un altar.

La Biblia narra que Dios le dijo: «Tráeme una ternera, una cabra y un carnero, todos ellos de tres años, y también una tórtola y un pichón de paloma» (Génesis 15:9). El profeta quiere algo más que promesas, y sabe que un altar proporciona dos cosas: comunión y revelación.

Los pasivos anotan las promesas en la contratapa de la Biblia y se sientan a esperar que ocurran; los triunfadores construyen altares.

El altar simboliza tu tiempo secreto de oración, tu búsqueda personal del rostro de Dios. En un congreso o un campamento puede que recibas una palabra profética, una visión, una promesa; mas la revelación solo se manifiesta en los altares privados. La comunión con el Señor se ejercita en el altar; si quieres detalles, tienes que construir uno.

Me sorprende ver a mucha gente que se acerca a mí en las cruzadas o los congresos y me dice: «Quiero que ore por mí, y me gustaría saber si Dios le dice algo sobre mi persona». O también: «Quiero que me profetice qué va a pasar con mi ministerio en los próximos años». De manera habitual suelo decepcionarlos cuando les contesto que tienen que

construir su propio altar. El Señor se presentará cuando lo busques con determinación, con sed, con anhelo, con tesón. Él siempre se revela a los «sabuesos» de la unción.

El hecho de que participe en todos los seminarios o consiga que todos los ungidos me impongan sus manos no logrará causar alguna diferencia. Dios no hace «revelación por microondas»; si quieres que él haga un pacto contigo, tendrás que ir al altar.

LAS ALARMAS DEL INFIERNO

El versículo 11 del capítulo 15 de Génesis tiene dos secretos. La Biblia dice que Abram hizo el altar conforme Dios le había dicho, sin embargo, «las aves de rapiña comenzaron a lanzarse sobre los animales muertos, pero Abram las espantaba». Era lógico que esto ocurriera; los cuerpos de los animales muertos atraen a los buitres.

Las aves negras siempre rondan sobre los cadáveres.

Cuando un creyente recibe una promesa y sencillamente se sienta a esperar su cumplimiento, sus oraciones suelen ser superficiales y no afectan la atmósfera espiritual. Pero cuando el pasivo quiere transformarse en triunfador y está determinado a construir un altar, genera un golpe cósmico en el ámbito invisible, cruza una barrera espiritual y activa las alarmas del infierno. De pronto un cristiano inofensivo se dispone a obtener comunión y revelación, y eso lo transforma en una amenaza potencial para el reino de las tinieblas. Es allí donde los buitres entran en escena. Quiero que entiendas algo: al diablo no le incomoda que anotes las profecías en tu agenda, ni tiembla porque tu pastor favorito haya hecho una oración especial por ti, y mucho menos se preocupa si realizas un *tour* por los ministerios más ungidos. A él le aterra que construyas un altar y determines subir a tu propio monte. Al ángel desterrado le fascina que consumas libros de recetas espirituales, tales como *Sea próspero en veinte días* o *Cómo estar ungido con mi método de iglecrecimiento*, pero le causa pavor que intentes hablar con el Rey.

Cuando las alarmas de las profundidades comienzan a sonar, Satanás enviará a sus buitres. Ellos tienen una misión: arruinar tu altar e impedir que obtengas la revelación y la comunión.

En el momento en que me dispuse junto con mi esposa a buscar a Dios de un modo intenso, se desató un ejército de interrupciones. Las situaciones más curiosas y grotescas comenzaron a ocurrir en nuestro hogar. Bastó que nos propusiéramos buscar el rostro de Dios para que comenzáramos a discutir por cualquier tontería cotidiana. Nos íbamos enojados a la cama y, por supuesto, no orábamos. Cuando nos percatamos de esa situación, vimos que otro buitre desparramaba el altar: la televisión. Decíamos: «Solo vamos a mirar un programa y luego iremos a orar. Somos maduros y podemos manejar esta situación». Error. Pretendíamos tener autoridad espiritual, sin embargo, no podíamos tener dominio sobre un control remoto; a veces estábamos mirando la televisión hasta las tres de la madrugada y, por consiguiente, la oración quedaba para otro momento. Cuando superamos este problema, teníamos otro buitre esperándonos: el cansancio. Podíamos hacer cualquier cosa y estar perfectamente lúcidos, mas al momento de orar no lográbamos hilvanar una frase coherente. Entre bostezo y bostezo trataba de disculparme con Dios con frases tales como: «Señor… tú sabes… estoy cansado… y… ya sabes... Padre… que sea tu voluntad, amén». Los famosos buitres dedicados a arruinar altares.

Quieres orar y tus hijos comienzan a pelear en su habitación, el maldito teléfono no para de sonar, recibes un telegrama que nadie esperaba o visitas imprevistas, tu esposo llega enfadado a casa luego de un mal día, oyes un comentario hiriente de tu suegra, sientes ese dolor de espalda que creías que había desaparecido, un calambre que regresa… y el cansancio, ese «bendito» cansancio. ¿Las reconoces? Son las aves negras, los emisarios de las profundidades.

Recuerdo que en una vigilia hice una oración muy honesta; le pregunté al Señor por qué tenía tantas luchas para construir mi altar y tener una vida de oración. Entonces el Espíritu Santo me iluminó con respecto al tema. Él me mostró que cuando me disponía a orar con determinación, mi carne comenzaba a morir, mis pasiones y mis deseos de distracción comenzaban a perecer, y esto producía un aroma muy particular en el ámbito espiritual: el olor a carne muerta. Tal cosa atrae a los buitres al igual que le sucedió a Abram. El diablo tratará de impedir que te transformes en una amenaza para él, en un «terrorista» espiritual.

El segundo secreto que encontré en el pequeño pasaje del versículo 11 es que la Biblia menciona que Abram ahuyentaba a las aves de rapiña; es decir, él hacía el trabajo. No se sentó diciendo: *Bueno, si Jehová no espanta estas aves debe ser que no tengo necesidad de orar.* El profeta era el único responsable de preservar el altar hasta que llegara la revelación.

Cuando notamos que nuestra vida de oración estaba en bancarrota, decidimos espantar todo lo que nos estaba perjudicando. Recuerdo que nos disciplinamos para orar; teníamos en claro que el deleite tardaría en llegar, pero íbamos a agujerear el techo de ser necesario. Como el orar en casa no nos había dado resultado, decidimos ir a un «monte de oración» en una iglesia amiga, en la cual orábamos desde las cuatro de la mañana. Durante casi seis meses nos turnábamos para levantarnos a las tres y media de la madrugada e ir a buscar el rostro de

Dios. Sabíamos que no lo haríamos de por vida, pero teníamos que lograr cruzar esa barrera invisible que nos impedía consagrarnos. Si quería conservar esa visión que el Señor me había mostrado en una fría madrugada de junio, tenía que hacer el esfuerzo.

Uno de los últimos buitres que recuerdo se apareció cuando alguien muy «espiritual» intentó aconsejarme: «Dante, no tiene sentido que vayas a orar tan temprano. Dios no quiere sacrificios, él ya lo hizo todo en la cruz». Lo que él desconocía era que no se trataba de sacrificio, sino de determinación, de cruzar la barrera de la disciplina y experimentar el deleite.

Por último, encontramos el rostro de Dios, y más adelante te voy a dar los detalles. Pero lo que en realidad importa es que el Señor hizo un pacto con nosotros.

«En aquel día el SEÑOR hizo un pacto con Abram» (Génesis 15:18). El patriarca ya no tendría que mirar solo las estrellas, ahora tenía un contrato sellado con su Dios, un compromiso irrevocable. Jehová le reveló hasta cómo iba a morir y todo lo que ocurriría con su descendencia. Aquel que construye un altar no juega a las adivinanzas; Dios le entrega los planos. Y los míos decían que Dios había escuchado mi ruego. Él me transformaría en el pastor de los jóvenes de mi nación.

CAPÍTULO 4

VOLVER AL DESTINO

LOS JÓVENES SON UN BLANCO muy particular. Es posible que ellos sean los más presionados por el pecado, pero también son los más determinados a cambiar. En muchas cruzadas o reuniones les he hablado tan duro que pensé: «En realidad no sé cómo pueden soportar lo que estoy predicando». No obstante, al final la escena se repite una y otra vez; cientos de ellos corren al altar, haciendo un compromiso de santidad. Sin duda están hartos de vivir sucumbiendo a las tentaciones y deciden cortar por lo sano: le declaran la guerra al pecado y a la frialdad espiritual. Sin embargo, aun así, el enemigo trata de que miles de ellos no crucen esa barrera invisible que los transformará en triunfadores ungidos. Yo le llamo a esa embestida «La batalla

de los lunes» o «La guerra del día después».

De modo habitual, cuando logras construir un altar privado, espantas a los buitres y accedes a las revelaciones de Dios; sientes que eres una «topadora» espiritual. Estás en una reunión junto a otros miles, pero sientes que el predicador solo te está hablando a ti; tus baterías se recargan, tu motor se pone en marcha. «Este es tu día», dice el orador, y asientes con la cabeza. Al final, el Señor toca tu establo y está a punto de transformarlo en un palacio. «Esta vez nada puede fallar», dices con la mirada en alto y das un paso hacia el altar. Prometes que será la última vez que el pecado hará estragos en tu vida espiritual. Deseas que este día no acabe nunca. No obstante, por lo regular ocurre que las promesas de los domingos se ven empañadas por las realidades de los lunes. Ayer tocabas el cielo con las manos y hoy apenas si sobresales del suelo. La guerra espiritual se intensifica durante la semana, cuando estás solo y todo el arsenal de la rutina y lo cotidiano se vuelve en tu contra. Creías que luego de esa reunión de avivamiento tu carácter estaría bajo control, pero cuando a mitad de semana perdiste el empleo, ese «bendito» temperamento volvió a traicionarte. Cuando el pastor todavía no había culminado su sermón dominical, ya estabas prometiendo orar por lo menos una hora diaria, mas en la noche del jueves ni siquiera has ido al altar.

La mayoría siente una gran frustración cuando pierde «La batalla de los lunes», y es justo aquí, en este punto, donde Satanás comienza a susurrar: «Nunca lo lograrás; eres el modelo del fracaso».

Recuerdo mis fallidos intentos por pagar el precio de la unción; cuando creía que al final estaba logrando vencer mi carne, un mal pensamiento parecía arruinarlo todo. Sentía lo mismo que un niño al ver cómo una ola gigantesca acaba con su castillo de arena. Entonces, de forma inconsciente, me disponía a dialogar con Satanás:

—Creo que esta vez fallé en grande.

—Ajá. Estoy de acuerdo. Una cosa es fracasar una vez, tal vez dos, pero tres… tres es demasiado.

—Me parece que Dios ya se debe haber cansado de mí; todas las veces que le prometo algo termino fallándole.

—Es lógico —decía mi interlocutor rascándose la afilada barba—. Hasta Dios tiene un límite; uno no puede especular con la misericordia de Dios. Si fallaste, es lógico que esté enojado.

—Yo pensaba orar y pedirle perdón, volverlo a intentar, pero con honestidad no sé con qué cara presentarme ante el Señor.

—Muy inteligente, Dante. No conviene orar después de tu traición. En estos casos recomiendo esperar. Una vez que tengas resuelto tu problema, entonces podrás presentarte ante el Creador.

—Creo que es lo mejor. Voy a posponer el buscar a Dios hasta que logre recuperar mi imagen ante él...

Todos hemos tenido diálogos similares, y mirando en retrospectiva hiela la sangre el pensar con quién nos hemos puesto a charlar en algún momento de nuestra vida. Y lo peor es que el final de esa conversación siempre produce el mismo resultado: no logramos perdonarnos «ese» error que Dios está dispuesto a olvidar si tan solo regresamos al altar.

Y hablando de regresos, quiero contarte una historia verídica que te hará sentir mejor con respecto a este tema. Considero que todos aquellos que alguna vez hemos traicionado al que lo dio todo por nosotros deberíamos escucharla por lo menos una vez. Posiblemente porque se trata de una historia de amor, una como ni siquiera Shakespeare la hubiera imaginado.

UNA INCREÍBLE HISTORIA DE AMOR

Él es un predicador de unos treinta y tantos años de edad; tal vez roce los cuarenta. Es dueño de un gran carisma, posee un reconocido ministerio y la gente lo respeta como profeta. Algunos dicen que en realidad tiene un gran futuro por delante. Además, es bien parecido, alto y un cabello rojizo lo distingue de la mayoría. Lo tiene casi todo para ser feliz... excepto que aún no ha conseguido una esposa. No se trata de que le falten admiradoras, sino que simplemente está aguardando el visto bueno de su Dios, al cual ha servido toda su juventud.

Como buen judío conoce las reglas: debe buscar a su futura esposa entre las hijas de otros ministros, de otros profetas. Él sabe lo que significa tener una compañera a la que confiarle sus secretos más íntimos, sus deseos más profundos. Por fuera se le ve como un profeta rudo, seguro de sí mismo y de convicciones firmes, pero por dentro es un hombre más que sueña recostar su cabeza sobre los hombros de una buena esposa. Solo está esperando que Dios le diga cuándo. Por supuesto, no cuesta imaginar que ya tiene a alguien en vista. Es la hija de otro profeta, la cual llena todas sus expectativas. Y es que nuestro hombre también ha confeccionado una lista de condiciones básicas que una buena esposa debe reunir. Está casi seguro de que dio con la mujer ideal, así que ahora se trata solo de esperar.

De pronto, el día tan ansiado se hace realidad. Dios sale al encuentro de nuestro profeta, y además trae buenas noticias. Las sospechas del predicador se confirman: Dios le hablará con respecto a su futuro sentimental. El corazón le late más de lo normal, aunque trata de parecer calmado.

—Quiero hablarte acerca de tu esposa —dice Dios con voz omnipotente—. Ha llegado el momento de que te cases.

El hombre no necesita más preámbulos, ha esperado

este día durante años. Lo que no imagina es que Dios tiene algunos cambios para su futuro.

—No busques una esposa entre las hijas de los profetas —dice Jehová—; búscala entre las hijas de la calle. Quiero que te cases con una ramera.

El profeta no da crédito a lo que está oyendo. ¡Una prostituta! Dios le está ordenando que tome por cónyuge a una mujer que cobra por brindarles ciertos favores a los hombres.

Ahora trata de involucrarte más en la historia, métete debajo de la piel de nuestro predicador. Esperas por años una buena esposa, y Dios te dice que te cases con una dama de baja reputación. Es casi más de lo que un ser humano promedio podría soportar.

El hombre de Dios piensa en sus colegas, en los otros ministros. Con seguridad no creerán que algo así pudo provenir de Dios. Es un hecho que lo dejarán fuera de todo comité y hasta es probable que le quiten su credencial de orador. Quizá algún cazador de noticias publique incluso una nota a cinco columnas en algún medio periodístico, desprestigiando su imagen de siervo. Alguna hermana «muy piadosa» dirá que Dios ya se lo había revelado a ella y generará una ola de chismes en las congregaciones. La credibilidad del predicador se iría a cero.

Sin embargo, el profeta tiene un gran mérito: obedece, muy a pesar de sí mismo, él obedece.

El hombre tiene que buscar a una prostituta, así que debe ir a sitios que jamás imaginó que pisaría: casas de citas, calles solitarias y barrios de mala fama. El profeta se distingue del contexto mientras busca de manera incansable con la mirada a la mujer que se transformará en la madre de sus hijos. Al fin la ve: es joven, esbelta y bonita... pero es prostituta; su honor está al nivel de animal y él quiere elevarla al nivel de mujer. No es difícil imaginar cómo pudo haber sido el encuentro; ella vive de la calle y no es de las que suelen sonrojarse por hablar con alguien del sexo opuesto. Así que tal vez le haga una proposición a este hombre que parece fuera de lugar. No obstante, él no está interesado en la oferta de la mujer; por el contrario, es el hombre quien tiene una proposición honorable que hacer:

—Soy predicador y quiero que te cases conmigo.

La mujer apenas si puede creer lo que acaba de oír. Sin apartar la mirada de este extraño visitante, piensa que debe tratarse de una broma de mal gusto. Ha pasado mucho tiempo desde que ella dejó de soñar con príncipes azules. La necesidad y algún desengaño amoroso habían sido los culpables de su presente; pero este hombre parece estar hablando en serio.

—Necesito que te decidas pronto —dice el extraño pelirrojo—. Dios me dijo que debía casarme contigo.

La dama siente ganas de llorar. Este excéntrico predicador ni siquiera la conoce y le ofrece mucho más de lo que jamás imaginó ni en su sueño más ambicioso: un techo seguro, una mesa con alimentos, un cálido dormitorio, una familia y una dignidad que creía haber perdido para siempre. Ser la esposa de un profeta en lugar de prostituirse; el trueque vale la pena.

La mujer acepta la proposición y contraen matrimonio. El profeta y la prostituta.

La historia ocurrió en Palestina unos setecientos años antes de Cristo. Él fue uno de los llamados profetas menores de la Biblia y su nombre era Oseas. Ella era simplemente una mujer que no hubiera pasado a la historia de no haberlo conocido; se llamaba Gómer. Esta controversial historia de amor es narrada desde el primer capítulo en el libro de Oseas de las Sagradas Escrituras.

Se casaron, tuvieron tres hijos, y cuando Oseas suponía que lo peor había pasado, Gómer abandona a su esposo y a sus hijos y regresa… a la prostitución. Se fue tras sus amantes, dejando la dignidad, una familia y el apellido.

Creo que Oseas sintió un extraño alivio. *Después de todo uno no puede esperar otra cosa de una ramera*, se consoló, pensando que ahora sí podría buscar a su «verdadera» esposa. Sin embargo, Dios tiene otros planes. El Señor quiere que Gómer regrese al hogar junto a su esposo y sus hijos y que Oseas la perdone. Eso es lo que yo llamo una verdadera crisis. El profeta debe perdonar y amar a aquella que reincidió en el pecado.

Lo que Dios quería mostrar con esta historia era su amor incondicional hacia Israel. Oseas representaba el amor incomparable del Altísimo, y Gómer era el prototipo de Israel. Dios proveía todo lo que su pueblo podía necesitar. Amor, alimentos, una buena tierra, libertad y un apellido: pueblo de Dios. Aun así, Israel no lograba despegarse de su pasado y se prostituía tras los dioses paganos.

Sin embargo, a pesar de las traiciones, Jehová estaba dispuesto a perdonar a su pueblo una vez más. «Yo te haré mi esposa para siempre, y te daré como dote el derecho y la justicia, el amor y la compasión. Te daré como dote mi fidelidad, y entonces conocerás al SEÑOR» (Oseas 2:19-20).

Me costaba entender que Dios estuviera dispuesto a perdonar todavía mi traición, si me arrepentía de forma genuina, hasta que descubrí la historia de Oseas y Gómer.

Los triunfadores suelen ser demasiados racionales y en extremo perfeccionistas, y no se perdonan haberle fallado al Señor. Es allí donde Satanás les dice que ni siquiera hagan el esfuerzo de volverlo a intentar. «Perdiste tu última oportunidad», nos susurra con voz convincente, y lo peor es que solemos creerle. No concebimos la idea de que el Señor pueda perdonar el hecho de que hayamos vuelto a un sitio de prostitución espiritual.

No obstante, hay buenas noticias: el amor de Dios hacia los suyos no ha cambiado. Puedes contemplar ese amor cuando el Maestro dialoga a la orilla del mar con el apóstol que lo dejó solo en su peor momento, el singular Simón Pedro. El mismo que prometió que nunca negaría a aquel que lo transformó en un pescador de hombres; uno de los tres que tuvo acceso al monte de la transfiguración; el amigo en los buenos tiempos que había traicionado al único que creyó en él. Ahora están frente a frente. Y puedes oírlos conversar en la playa.

—Maestro, déjame que te explique… yo no quise…

—Solo respóndeme una pregunta, Simón. ¿Me amas?

—Es que tuve miedo y pensé que tal vez tú no me perdonarías y…

—Te pregunté si me amas.

—Con honestidad, no sé con qué cara decirte que te amo, porque si te digo que te amo estarías en tu derecho a preguntarme por qué razón te traicioné, y es que yo…

—Simón, deja de excusarte y respóndeme. ¿Aún me amas?

Es casi la misma historia. El hombre de Capernaúm

se parece a Gómer, a mí… y a ti. El profeta y la prostituta. Jehová e Israel. El Maestro y el traidor.

—Señor mío —dice Pedro llorando—, claro que te amo. Solo amándote me atreví a caminar sobre las aguas; solo porque te amo fui capaz hasta de cortarle la oreja a alguien; sé que me equivoqué, pero quería hacer algo por amor. Y estoy dispuesto a intentarlo otra vez, solo porque te amo.

El Maestro sonríe y le dice a Pedro que hay mucho por hacer; el libro de los Hechos espera ansioso tenerlo en su reparto estelar. Oseas abraza a Gómer y le dice que él y sus hijos la aguardan con un plato de sopa caliente y una mesa familiar. El Creador te dice que es el tiempo de volver al destino. Es hora de olvidar la traición, regresar a casa y ponerse a trabajar.

La carpintería

CAPÍTULO 5

ALMOHADAS DE PIEDRA

CUANDO RECIBES UNA VISIÓN de parte de Dios, hay solo dos formas de actuar: te sientas a esperar que alguna cosa suceda, o haces algo para que los acontecimientos comiencen a tener lugar. Nosotros habíamos optado por lo último; si yo debía conducir a la juventud hacia la santidad, había que comenzar por algún lado. Recuerdo que fui a hablar con el director de una prestigiosa radio cristiana en Munro, provincia de Buenos Aires, y le pedí que me dejara tener un programa en su emisora.

«David», le dije esperanzado, «Dios me ha confiado un ministerio, y en realidad quisiera hacer algo por los jóvenes. La radio me parece una buena forma de comenzar. Tengo un proyecto de una hora diaria

y sé que va a resultar; mi único problema es que mi economía no es estable y por el momento no puedo pagarte el espacio».

Hasta hoy desconozco qué fue lo que a David le cruzó por la mente. Solo sé que apenas me conocía y que mi propuesta era poco prometedora; la radio necesitaba el ingreso económico para poder seguir en el aire. Sin embargo, David sonrío y mientras acomodaba unos papeles en su escritorio me dijo: «Esta bien. Por el momento tienes el espacio. El único inconveniente es que solo tengo un horario disponible: a la una de la madrugada. Si te parece bien, podrás comenzar mañana mismo».

A decir verdad, el horario no era el ideal, pero era mucho más que nada. Le dije que aceptaba y que a partir del siguiente día me tendría en su emisora todas las madrugadas.

Ese mismo día le comenté la noticia a Liliana y comenzamos a preparar la producción del programa. Sabíamos que era nuestro primer paso de fe luego de que Dios nos diera la visión, por lo que trabajamos muy duro para tener una buena audición. El objetivo era lograr que los jóvenes nos oyeran a una hora no usual y que se acercaran a la santidad; por lo tanto preparamos algo que tuviera ritmo, humor y creatividad. Lo titulamos «Línea Abierta» y salimos al aire por primera vez a mediados de 1991.

En ese tiempo mi esposa y yo habíamos sido

empleados por el Instituto de Educación Teológica por Extensión (un programa educativo a distancia). Liliana era secretaria y yo trabajaba en un proyecto para adolescentes llamado «Nivel 17». Así que, luego de cada jornada laboral, llegábamos a casa y después de cenar viajábamos hasta la radio para hacer nuestro programa en vivo. Era extenuante regresar al hogar casi a las tres de la madrugada, pero sentíamos que de alguna forma estábamos creyendo en el Señor.

Las primeras críticas no tardaron en llegar. El propio David me decía que mucha gente lo llamaba por teléfono pidiéndole que me sacara del aire; algunos alegaban que yo era poco convencional, y otros cuestionaban mi lenguaje juvenil. Mi esposa era la encargada de atender los teléfonos mientras se trasmitía el programa, y cada madrugada terminaba llorando. «Estamos haciendo una cadena de oración para que ese muchacho salga del aire», le decían en el mejor de los casos.

De modo paradójico, muchos jóvenes y adolescentes trasnochadores comenzaron a oírnos y a alentarnos: «Es muy loable que se ocupen de la juventud». «Hasta ahora no existía una audición juvenil y me alegra que hayan comenzado». «Es bueno que se nos predique de un modo directo; los jóvenes necesitábamos eso». Estas eran algunas de las frases que equilibraban la balanza y nos ayudaban a continuar.

Reconozco que éramos muy jóvenes e inexpertos, pero estábamos determinados a conquistar a la juventud que el Señor nos había prometido en aquella fría noche de junio, y la radio era un excelente medio de comunicación para lograrlo.

Cada vez las críticas se hicieron menos agudas y al final logramos una audiencia respetable, los oyentes terminaron por aceptarnos, y por mi parte intenté moderarme un poco más. Lo curioso es que a los ocho meses de estar en el aire, y debido a la repercusión del programa, pasamos al horario de las seis de la tarde y «Linea Abierta» llegó a difundirse diferidamente en casi toda la Argentina. En la actualidad, el programa radial se titula «El show de Dante Gebel», difundiéndose en más de seiscientas emisoras en todo Iberoamérica. Lo que comenzó como un sencillo programa radial se transformó en una productora integral multimedia y un ministerio que no ha parado de crecer en los últimos diez años.

MI PRIMER ENCUENTRO CON CLAUDIO FREIDZON

Creo que uno de los lapsos más difíciles que deben atravesar los que son llamados por Dios es ese tiempo que separa la visión de su cumplimiento. Uno desearía recibir el llamado y estar al otro día muy temprano en el sitio correcto realizando lo que Dios nos llamó a hacer. Supongo que le debemos esa ansiedad al simple hecho de que no sabemos esperar. El seminarista cuenta los días que le faltan para recibir su diploma y comenzar a predicar de modo oficial; el misionero es capaz de abandonarlo todo enseguida para ir a cumplir con su misión mañana, y el futuro evangelista se atreve a mudarse a una iglesia donde le otorguen una posibilidad rápida de desarrollar su ministerio. Todos hemos vivido esa ansiedad aplastante, y algunos sobrevivimos a la tentación de adelantarnos a los planes de Dios.

A mediados de 1992, y luego de estar casi un año haciendo radio, me desesperaba por saber de qué manera los jóvenes llenarían un estadio para buscar la santidad. En ese entonces comencé a escuchar acerca de la extraordinaria actividad del Espíritu en la iglesia del pastor Claudio Freidzon, así que un domingo fuimos a una de sus reuniones.

El templo, ubicado en uno de los barrios más populosos de Buenos Aires, estaba atestado de personas que hacían largas filas para ingresar. Luego de esperar un largo rato, alguien nos ubicó en la primera fila y comenzamos a disfrutar de un bello y genuino mover de Dios. Lo sorprendente del caso es que, en medio del mensaje, Claudio descendió de la plataforma y comenzó a orar por la gente que estaba a mi alrededor, mientras las personas caían al suelo recibiendo un toque maravilloso de la unción del Espíritu. Fue en aquel momento que hice una sencilla oración que recuerdo literalmente hasta hoy: «Señor, nadie aquí sabe acerca del ministerio que me entregaste, y el pastor Freidzon ni siquiera me conoce, pero yo necesito una confirmación. Me haría muy bien si me hablaras con respecto a la visión que me entregaste».

Y entonces ocurrió el milagro. Fue como si algo hubiera detenido a Claudio en ese instante. Giró sobre sus pies y me buscó entre la gente que colmaba el altar. Puso sus dos manos sobre mí y profetizó: «Veo cruzadas de jóvenes en todas las naciones. Veo a miles de ellos llenando los estadios. El Señor cumple lo que te prometió. Él te levanta como el pastor de los jóvenes».

Pudo haber dicho cualquier otra cosa, pero profetizó acerca de lo que solo Dios y yo conocíamos.

A partir de ese instante, y hasta el día de hoy, Dios ligó mi corazón al del pastor Freidzon, así que hemos cultivado una bella amistad, además de que es nuestro pastor en la actualidad. Él ha sido quien más ha colaborado con las cruzadas juveniles de santidad y ha puesto a toda la iglesia que ministra a la disposición de este empeño. En este momento trabajamos juntos en varios proyectos y me siento honrado de ser su amigo. Sin embargo, nunca olvidaré aquel día de la confirmación, quizás porque creí que todo explotaría al día siguiente.

Le dije a mi esposa que mi teoría era que Dios ya no se tardaría más. Si él había tocado a nuestro establo, sencillamente ahora solo había que avanzar. No obstante, desconocía la etapa de la carpintería, esa imprescindible etapa de silencio y capacitación.

Hace unos años leí el comentario de que la carpintería representó para Jesucristo un desarrollo silencioso pero vital para sus tres años de ministerio en la tierra. Treinta años en los cuales no se registró ni un solo milagro; pero el hijo de Dios ya tenía la visión. De modo usual queremos capacitarnos tres años y tener un ministerio que dure treinta, pero el Señor hizo lo contrario.

La carpintería significa saberse el único redentor para un mundo agonizante, mientras fabrica muebles esperando el tiempo correcto. La carpintería significa poseer un gran proyecto sin ver absolutamente nada aún. Esperar es la clave.

He visto a cientos de personas fracasar en esta etapa. Escuchamos decir: «Bueno, dado que el pastor no valora mi llamado, tendré que congregarme en otro sitio donde se respete mi ministerio». O también: «Dios me habló y no puedo esperar más, mañana mismo voy a fundar mi propia iglesia». Las personas que eluden sus tiempos de carpintería jamás llegan a buen término y nunca logran abrazar la santidad.

ACEITE SOBRE LA PIEDRA

Quiero que por unos instantes te detengas a observar a Jacob. Su juventud no fue del todo apacible, y a medida que se fue transformando en adulto sus crisis se hicieron más agudas. El capítulo 28 del libro de Génesis nos ubica en el cuadro: Jacob está viviendo una situación límite. Se encuentra solitario, triste y deprimido; no es para menos, su hermano lo persigue para matarlo y tarde o temprano él sabe que lo alcanzará. Hasta este punto, yo no hubiera incluido a Jacob en la Biblia; al fin y al cabo, él es un estafador y acaba de engañar a su propio padre haciéndose pasar por su hermano para quedarse con la primogenitura. Sin embargo, Dios lo lleva a una situación límite para darle una visión. «Cuando llegó a cierto lugar, se detuvo para pasar la noche, porque ya estaba anocheciendo. Tomó una piedra, la usó como almohada, y se acostó a dormir en ese lugar» (Génesis 28:11).

Jacob no tenía un colchón confortable para pasar la noche, solo una rústica almohada de piedra. Allí recostó su cabeza, y en este sitio Dios le habló de su futuro: «Tu descendencia será tan numerosa como el polvo de la tierra. Te extenderás de norte a sur, y de oriente a occidente, y todas las familias de la tierra serán bendecidas por medio de ti y de tu descendencia» (Génesis 28:14). La Biblia narra que Jacob tiene también una visión estremecedora: una escalera que iba desde la superficie terrestre hasta los cielos; Dios en un extremo y los ángeles subiendo y bajando por ella. No obstante, lo más sorprendente es lo que nuestro hombre hizo luego de que la visión acabó: «A la mañana siguiente Jacob se levantó temprano, tomó la piedra que había usado como almohada, la erigió como una estela y derramó aceite sobre ella» (Génesis 28:18).

Derramó aceite sobre la piedra. Bendijo su rústica almohada de granito. Jacob pudo haber interpelado a Jehová por la mañana y haberle dicho: *Está bien. Convengamos en que en realidad creo que vas a darme todo lo que me dijiste en la visión de anoche, pero olvidaste ver mi presente: desperté en la misma piedra en la que me recosté anoche; pudiste haber hecho el milagro de darme una almohada más cómoda... digamos, como adelanto de la visión.* ¿Te suena ridículo? Sin embargo, nosotros actuamos de esta forma: «Señor, si en realidad tengo un ministerio con las multitudes, ¿por qué sigo siendo el encargado de la limpieza del templo?». «Si anoche la palabra profética fue cierta, ¿por qué hoy sigo sintiéndome como si nada hubiera cambiado?». Queremos un adelanto para poder creer, aunque se trate de una almohada. Nos cuesta comprender que ayer Dios nos prometió algo grande y hoy seguimos fabricando muebles en nuestra carpintería privada.

Nehemías recibe el llamado de reconstruir los muros de su ciudad, pero mientras sigue siendo un humilde copero del rey Artajerjes. José había soñado que todos se inclinarían ante él, mas por el momento era el fiel mayordomo de Potifar. David sabe que será el rey, no obstante, aún sigue pastoreando ovejas.

Todos ellos bendijeron la almohada de piedra, el tiempo de espera, la carpintería. Derramar aceite sobre una piedra es un tanto ridículo… tan ridículo como bendecir tus años de tortuosos exámenes en el seminario; tan extraño como comenzar a dar gracias por ese viejo automóvil que casi no arranca; tan alocado como sonreír por esa casa que no puedes terminar de construir; tan sorprendente como alegrarse de que eres evangelista aunque solo confían en ti para barrer la acera.

Derramar aceite sobre una almohada de granito es saber que Dios te habló de estadios llenos y por ahora continúas con un sencillo programa de radio. Bendecir la piedra es conocer, por sobre todas las cosas, la regla número uno del llamado a servir: esperar el cumplimiento de la visión y no adelantarse a los planes divinos.

CAPÍTULO 6

SOLAMENTE
UNA VISIÓN

EXISTEN TRES PALABRAS CLAVES en el ministerio: propósito, dirección y mensaje. El propósito significa tener claro para qué te llamó Dios, cuál es el objetivo y la motivación. La dirección tiene que ver con el sitio donde vas a desarrollar tu ministerio, y no necesariamente tiene que tratarse de un lugar físico, puede ser un lugar dentro del reino. Y el mensaje es lo que vas a predicar, puntual y específico. Las tres palabras claves solo se activan en el cronograma de Dios, en el reloj divino. Adelantarse al plan estipulado por Dios puede ser catastrófico para nuestra vida espiritual y la gente que nos rodea.

Cuando nuestro ministerio comenzó, recuerdo que

solíamos ir a predicar a congregaciones muy pequeñas en las que ni siquiera había gente joven, pero yo
quería gritar a los cuatro vientos que tenía un llamado para trabajar con la juventud. Sentía los sínto-
mas de una mujer embarazada; nadie podía ver al
bebé, pero yo sabía que estaba allí. Si Dios te promete
algo, significa que ha depositado en ti un embrión
divino que comenzará a crecer lentamente. Estás en
la carpintería, aunque sabes que te queda poco
tiempo allí.

Ahora bien, si en realidad Dios te entregó una visión, hay un secreto que no puedes pasar por alto:
todas las profecías son condicionales. Es decir, hay
mucha gente que dice: «Ahora que Dios me dijo que
mi futuro es ser un hombre de Dios, voy a vivir como
se me antoje, ya que él cumplirá de forma incondicional su promesa». Ese es un gran engaño. Hay cientos
de casos de personas que el Señor tocó y luego tuvieron en poco las promesas de Dios y quedaron atasca-
das en la carpintería. En esos casos suelen decir que
la visión no era genuina o que el profeta se equivocó,
cuando en verdad el receptor del mensaje fue el que
hizo quebrar la promesa.

Si cuando Dios me habló en aquella madrugada
de junio me hubiera dedicado a vivir a mi manera y
no hubiese buscado al Señor intensamente en oración, no estaría escribiendo este libro, entre otras
cosas.

La Biblia dice que Sansón no sabía que Jehová se había apartado de él, así que de pronto quiso hacer lo de siempre, pero esta vez no dio resultado, las fuerzas lo habían abandonado.

Samuel le dice al pomposo rey Saúl que Jehová le ha quitado el reino y se lo ha entregado a uno mejor que él. Gente que pudo haberlo logrado, pero se movieron al margen de la voluntad de Dios.

No se trata de adquirir una visión o comprar la bendición de Dios, sino de cuidar lo que él te prometió como lo hace una madre con su embarazo. Cuando una mujer regresa de su cita con el ginecólogo con la noticia de que va a tener un bebé, no dice: «Ahora estoy ciento por ciento segura de que seré mamá, así que puedo fumar, jugar deportes rudos y correr por las escaleras; si el médico dijo que tendré un bebé, lo tendré de todos modos».

Cuando el Señor te da una visión, lo que te está diciendo en realidad es: «Yo podría darte esto si en realidad me buscas y vives en santidad, de manera que pueda seguir confiando en ti».

Una vez leí una alegoría que decía que en los cielos, junto a la mesa del Rey, tal vez encontremos sillas vacías que serán los mudos testimonios de las personas que pudieron haberlo logrado, pero no lo hicieron. Las sillas de Saúl, Judas Iscariote, Ananías, Zafira, entre otras, serán el recuerdo de los que perdieron la eternidad de los cielos. Esta es solo una

suposición, aunque el solo hecho de pensarlo espanta. No debe existir nada más frustrante que quedarse a mitad de la carrera por no haber cuidado lo que el Señor nos entregó.

LAS MIGAJAS DE LA COSECHA

Cuando tenía dieciséis años, mi pastor me dio la primera oportunidad de predicar en una reunión pública. Recuerdo que estaba muy nervioso porque no sabía de qué hablar. Entonces recordé una historia que alguna vez había oído siendo niño y me había sorprendido. Fue la primera historia bíblica que aprendí y el tema de mi primer sermón: Noemí y las migajas de la cosecha.

En su primer capítulo el libro de Rut nos relata el incidente. La familia de Noemí parecía tenerlo todo para ser feliz, sin embargo, una hambruna inesperada los sorprendió en su propia tierra. La Biblia dice que la familia tomó una decisión radical: se mudaron a las tierras de Moab para sobrevivir al hambre.

Las Escrituras no nos arrojan demasiada luz en cuanto a los detalles de lo que ocurrió a partir de la mudanza, pero lo cierto es que de modo inesperado, en tierras ajenas, Noemí pierde a su esposo y a sus dos hijos, quedando así viuda y desamparada (Rut 1:5).

En apenas cinco versículos la Biblia nos expone una tragedia; una buena familia se desintegra injustamente. Sin embargo, hay algo aun más sorprendente.

La mujer se entera de que Dios había visitado la tierra de la cual había emigrado junto a su familia, porque oyó en el campo de Moab «que el SEÑOR había acudido en ayuda de su pueblo al proveerle de alimento» (Rut 1:6).

Quiero que trates de identificarte con la historia. Al igual que Noemí, estás esperando el cumplimiento de una promesa mientras te encuentras en tu desarrollo silencioso, en tu carpintería personal. Sabes que en cualquier momento Dios puede elevarte a la plenitud de tu ministerio, pero te estás poniendo nervioso. «No debería tardarse tanto», dices un tanto ansioso. Sabes que tienes que permanecer siendo fiel en las cosas pequeñas y al parecer intranscendentales, pero el «hambre ministerial» se está haciendo sentir. Desearías hacer algo más que estar en silencio, pero solo tienes una visión que tienes que cuidar. Ya no abundan las palabras proféticas, ni las proposiciones ministeriales, ni las sensaciones místicas, solo estás soportando esa aparente «hambruna espiritual». Hasta que te hartas de la carpintería y decides moverte; te mudas. Alguien te susurra que hay un lugar donde «se come bien», un sitio donde puedes recibir tu certificado sin tener que aprobar el examen.

La oferta parece tentadora. Puedes sortear la materia de la espera. Hallar una iglesia donde sí valoren tus dones, otra organización donde no tengas que ir

a un seminario para ser pastor, una congregación donde agradezcan tus esfuerzos, un lugar donde puedas desarrollarte como líder. Parece una buena decisión, pero los resultados son patéticos.

Noemí lo pierde todo por haberse movido de su lugar. Ahora no tiene esposo, ni hijos, solo dos nueras de las cuales una sola le será fiel.

La Ley de Dios estipulaba que al recoger la cosecha las familias no debían segar a fondo, a fin de dejar un poco para las viudas y los huérfanos. Así que Noemí regresa a su lugar de origen para recoger las migajas de la cosecha. Pudo haberlo tenido todo, pero no estuvo allí cuando Jehová visitó la tierra y les dio el pan.

Hay un momento, un segundo en los tiempos divinos, cuando el Señor te visitará con los planos completos de tu vida y tu ministerio. No te hablo del bautismo en el Espíritu Santo, sino de un toque de la presencia de Dios… y lo único que se te pide es que estés en el lugar correcto, a la hora indicada.

Hace poco, al finalizar una de las reuniones que celebramos en la plaza de toros de Trujillo, Perú, un reportero de una emisora cristiana me preguntó cuál fue, a mi criterio, el factor dominante para que Dios me ungiera para el ministerio con la juventud. «La soberanía de Dios», le contesté, «y el hecho de encontrarme en el lugar correcto».

Habrá un momento en el reloj de los cielos en que

el Espíritu Santo te visitará con su pan. Irrumpirá en tu carpintería y te dirá que pongas manos a la obra. Sin embargo, si te mudaste y no estás allí, tendrás que conformarte con observar las experiencias de otros mientras comes las migajas de la gracia. No vale la pena perder lo perfecto por no haber aprendido a esperar.

LA MINORÍA DE LOS VISIONARIOS

Posiblemente hayan dos cosas que hacen que nuestro tiempo de desarrollo silencioso sea más difícil: el pasar de los días y la incredulidad de los que nos rodean. Lo primero tiene que ver con el desfasaje de nuestro almanaque con respecto al de Dios. Y lo segundo con que los visionarios nunca estarán entre la mayoría.

Recuerdo cuando estábamos a solo dos semanas de celebrar nuestra primera gran cruzada de santidad en uno de los estadios más imponentes de Buenos Aires. Además de la publicidad lógica en estos casos, quería contárselo a alguien, deseaba compartir la experiencia de estar creyéndole al Señor en una empresa de fe. Así que decidí ir a tomarme un café con un grupo de personas a las que siempre he apreciado. En el medio de la charla, uno de ellos apoyó su mano sobre la mía, me miró fijamente como tratando de darme una mala noticia, y dijo: «Dante, nosotros te apreciamos y con honestidad no creíamos que ibas a llegar tan lejos con esto de la cruzada. Lo estuvimos pensando y creemos que tenemos la obligación de decirte que es muy probable que esa reunión fracase. El estadio es muy grande y ningún evangelista en este momento podría lanzarse solo en una locura como esta. Si no invitas a alguien de renombre, o a algún conjunto musical, los jóvenes no irán a esa cruzada».

En ese momento sentí que me bajaba la presión. Esta persona era honesta y estaba diciendo algo que sonaba lógico. Había rentado un estadio para cincuenta mil personas y esperaba que se llenara de jóvenes provenientes de todo el país, y lo peor es que casi no me conocían. Faltaban dos semanas y el golpe de la realidad empañaba la fe sobrenatural. «Además, es muy probable que llueva», agregó, «el estadio es abierto y el tiempo en Buenos Aires está bastante inestable, además hay que considerar que estamos en una mala fecha, a pocos días de la Navidad…».

Cada frase acentuaba en mí unos deseos incontenibles de suspender todo por razones de sentido común. No obstante, esa noche compartí mis preocupaciones con mi esposa, y nos pusimos a orar. La respuesta del Señor era inalterable y contundente: «Avanza. Yo los voy a convocar. Los jóvenes no vienen por ti, sino por mí».

La visión estaba intacta y era lo único que nos fortalecía. No se trataba de fuertes vientos, ni de truenos gigantescos o terremotos espirituales, solo la promesa, la silenciosa visión.

Por último, la cruzada se realizó en el estadio Vélez Sarsfield, con una concurrencia de cincuenta y cinco mil jóvenes, y fue apenas el inicio de decenas de estadios que vendrían más adelante. Había aprendido una lección: los visionarios nunca formarán parte de la mayoría. Y si no me crees, pregúntale a Caleb.

DOS VIEJOS AMIGOS

Tiene ochenta y cinco años de edad, una espesa barba canosa y se apoya sobre un bastón. Aunque anciano, su figura se recorta omnipotente sobre la montaña; tiene una mirada profunda y aquellos que lo conocen bien dicen que está sumergido en sus pensamientos. Caleb no es el mismo, la vida lo ha cambiado. Estos últimos cuarenta y cinco años han sido demasiado intensos. Ahora, desde el risco de una montaña, contempla a los más jóvenes y añora sus días pasados. Es que Caleb tiene muchas batallas vividas para recordar. Fracasos y triunfos engalanan su salón de los recuerdos; debería estar cansado, pero no lo está. Él no es de los hombres que viven de los triunfos del pasado; no esperen que cuelgue su diploma en la pared, todavía no ha logrado su sueño más ambicioso. Tampoco es de los que se detienen por un fracaso del ayer; él sabe que su Dios está en su presente y su futuro... pero alguien interrumpe sus pensamientos.

—Mi viejo compañero de armas, te estuve buscando por el campamento, los más jóvenes quieren que les des unas lecciones de guerra.

Caleb reconoce esa voz familiar y ese humor tan particular sin siquiera darse vuelta. Se trata de Josué, su amigo de toda la vida. Tienen demasiado en común. Ellos nunca olvidarán a Moisés ni el glorioso momento en que el mar se abrió. Son los únicos sobrevivientes de una generación que puede contar detalladamente lo que sintieron cuando desde el cielo cayó el maná por primera vez, o cuando brotó agua de una piedra. Ahora están llenos de buenos recuerdos… y de esperanzas.

—Estaba pensando —dice Caleb frunciendo el ceño— en el momento en que fuimos a reconocer la tierra junto a los otros diez espías… ya han pasado cuarenta y cinco años (Josué 14:6).

—No nos fue muy bien que digamos —ríe Josué—. Aún recuerdo cuando todo el pueblo quiso apedrearnos por decir que podíamos conquistar la tierra; es que éramos dos contra diez.

—Y el pueblo prefirió creer el informe desfavorable de los diez en lugar de…

—¡Bah! No les guardes rencor, Caleb. Sucede que ellos vieron el problema y nosotros la solución. Ellos centraron su atención en los gigantes y nosotros en la tierra; distintos puntos de vista. Afortunadamente, Jehová no obra por democracia. Los visionarios siempre han sido minoría.

—De eso quería hablarte. Tú recuerdas, como yo, el momento en que Dios me dijo que la tierra que había pisado sería para mí y mis hijos, así que he considerado que es tiempo de que tome posesión de ella, tal cual él me lo prometió.

—Estoy de acuerdo, mi viejo amigo. Pero no olvides que ya no eres el mismo de hace cuarenta y tantos años; considera que tienes una edad avanzada… la artritis, los huesos… en fin.

—Me extraña que no me conozcas, Josué. Tú sabes que estoy tan fuerte como el día en que Moisés me envío; la visión y el tiempo de espera han entrenado mi musculatura. Mi fuerza está intacta, y debes saberlo.

—No quiero desalentarte, pero hay una cosa más: no olvides que ese monte que tú reclamas tiene sus ocupantes; los anaceos están allí y hay grandes ciudades fortificadas.

Caleb sonríe antes de contestar. Sus ojos parecen destilar fuego y sus puños se contraen. Ha esperado demasiado en su carpintería como para detenerse por unos simples usurpadores de tierras.

—Justo por eso quiero ir, Josué —dice con voz firme—. Esos anaceos han ocupado mis tierras durante todos estos años y nunca me pagaron el alquiler. Ya es el tiempo de ajustar cuentas.

Josué bendice a su amigo y piensa que ya quedan pocos hombres de la madera de Caleb. Ya no abundan tantos visionarios determinados como él; posiblemente porque este tipo de gente siempre ha sido minoría.

El viejo Caleb no posee una vara que se convierta en culebra, una piedra de la cual brote agua o una zarza que no termine de consumirse.

Solo tiene una visión… que no es poco.

El
Jordán

CAPÍTULO 7

LA PRESENCIA DE DIOS

ESA LLAMADA TELEFÓNICA había logrado molestarme. En realidad hubiera deseado no haber contestado, pero lo hice. En primer lugar porque siempre la respeté como una mujer de Dios. Ella no disfruta de mucha popularidad y estoy casi seguro de que no le agradaría que mencionara su nombre en este libro, pero Dios siempre la ha usado para bendecirnos, darnos aliento o sencillamente para oírnos. Sin embargo, esta vez había logrado enfadarme. Esa llamada telefónica no se borraría tan fácil de mi memoria.

«Dante, en realidad siento que debo decirte esto», había dicho. «El Señor me ha estado inquietando y… en fin, el caso es que él me mostró que a

tu ministerio le falta la presencia de Dios, así que tienes que buscarla».

Apenas si podía creerlo. Que alguien me dijera que la presencia de Dios no estaba conmigo era como si me hubiese dicho que moriría en la próxima media hora. Me habría gustado decirle a mi vez que Dios tocó a mi establo y que me había entregado un gran ministerio con la juventud, o algo por el estilo que la hiciera escarmentar. O tal vez hubiera sido más sencillo cortarle la comunicación, y de esa forma se daría cuenta de que todo «gran hombre de Dios» tiene un carácter firme. No obstante, me quedé callado… y muy molesto.

Tal vez fue porque percibí que «desgraciadamente» tenía razón y me estaba hablando de parte de Dios. Y eso era lo que en realidad me había molestado: que lograra colocar una bomba de tiempo en mi corazón. Dios había usado una vez más a esta ungida dama.

Así como existen los llamados y los impulsados, están los que gozan de su presencia y los que solo apelan a su gracia. Y yo no me había percatado de que todavía carecía de ese toque glorioso de su presencia.

Quiero que antes de sacar cualquier conclusión sigas leyendo un poco más, puesto que considero que lo que voy a relatarte es uno de los más preciados secretos del reino.

Cuando Dios decide tocarte y transformar tu vida, es simplemente por su iniciativa. Nunca hubieras podido hacer algo para que él fijara los ojos en ti. Él se detiene en la zarza porque le place y, en su infinita misericordia, decide hacerla arder para que un dubitativo Moisés recupere su fe. Es el que sienta al minusválido en la mesa real y le hace sentir que es un príncipe. Eso es gracia.

Con todo, el invitado a la mesa, a pesar de estar agradecido, quiere algo adicional. Necesita intimidad con el Rey y transformarse en su amigo y confidente. No le alcanza con sentirse un príncipe a la hora de la cena, él quiere serlo todo el tiempo, y para ello deberá pagar un costo: el precio de estar en la presencia del Rey.

Muchos creyentes se comportan de un modo piadoso y viven de una manera más o menos íntegra, pero al momento de orar por un enfermo, predicar un sermón, o simplemente compartir su fe con alguien, se expresan de la siguiente manera: «Señor, te ruego que tu presencia esté ahora conmigo y me ayude en lo que voy a hacer». Esta oración da la pauta de que el resto del tiempo solo ha sobrevivido con la gracia de Dios, pero ahora quiere recuperar de modo frenético aquello que debió haber estado siempre con él.

Cuando un predicador tiene una muy buena oratoria, y hasta ora por los enfermos y estos sanan, no significa necesariamente que la presencia de Dios esté con él. Es por la gracia del Señor que su palabra está respaldada, y es por la gracia que predica un teólogo… y hasta una mula.

Siempre que haya un pueblo sediento y un Dios con deseos de darle agua fresca, la piedra se transformará en una vertiente... aunque Moisés la esté golpeando en lugar de hablarle. La gracia y el amor del Padre por los perdidos hacen que las mulas parezcan personas ungidas.

Puedes vivir toda tu vida dependiendo de la gracia de Dios para tu ministerio: «Señor, sabes que no tuve tiempo para orar y buscarte, pero bendíceme de todos modos para que al cantar la gente sienta tu unción». «Padre, no me he preparado, pero te ruego que tu misericordia esté sobre mi vida en el momento de pasar al frente». Se apela a la gracia cuando no se pagó el precio.

No es mi deseo que interpretes mal lo que trato de decir; Dios no tiene en venta su poder ni su unción, solo desea que sus embajadores pasen más tiempo con él antes de oírles rogar por su misericordia, su gracia y su presencia.

He oído a predicadores decir que la unción reposaba sobre ellos solo cuando estaban sobre una plataforma. Sin embargo, he visto a otros descender de la plataforma y seguir ungidos; la unción y la presencia de Dios formaban parte de su dinámica de vida.

Trata de imaginarte la siguiente escena. Un ciego de nacimiento se acerca a Jesús y se produce el siguiente diálogo:

—Vaya, eres invidente… ¿qué quieres que te haga?

—Que recobre la vista, Señor.

—Bueno, me gustaría, pero hay algo que debo decirte. Justo en este momento me sorprendiste sin haber practicado mucho la oración. No me imaginé que tendría que hacer un milagro ahora, y no estoy preparado. Tal vez si me dejas una dirección donde encontrarte y me das un tiempo prudencial para que pueda ir a orar y ayunar, entonces podría sanarte.

¿No te parece grotesco? Pues así nos comportamos cuando no estamos seguros de su presencia. «Voy a encerrarme en la habitación a orar, puesto que tengo que predicar el domingo». O también: «Tengo que ayunar para conseguir ese empleo». Intentamos sobornar al Señor con alguna pequeña oferta de «búsqueda acelerada de su rostro». Pero ni siquiera se trata de eso, solo estamos anhelando el toque de su mano.

Es como el hijo adolescente que jamás colaboró con el hogar, sin embargo, de manera inesperada se transforma por unas horas en un hijo ejemplar y hacendoso. El padre cree por un momento que al fin su muchacho está madurando y haciéndose responsable… hasta que descubre que solo se trata de un

canje para lograr que le dé un dinero extra.

Somos salvos por gracia, pero somos ungidos por precio. Solo cuando pagas el alto precio de ese ungüento superior, obtienes su presencia.

La presencia de Dios en tu ministerio es un cheque al portador; es una tarjeta de crédito dorada que no te pone límites de gasto. Ella hace que tomes un micrófono, y sin que todavía hayas dicho una sola palabra, la atmósfera entera se transforme. Cuando la presencia está contigo, no necesitas levantar demasiado la voz ni tienes que apelar a chistes para que los oyentes no se duerman, simplemente hablas… y algo ocurre en la esfera espiritual. La presencia hace que no tengas la necesidad de «preparar al ambiente» para que puedas ministrar; abres tu boca y los vientos cambian.

La presencia logra que no tengas que insistir para que la gente pase al altar; predicas… y te interrumpen el sermón pasando al frente. No andas con rodeos, vas directo al corazón y lo escarbas.

La presencia de Dios en tu ministerio incomoda al hombre, sin que tengas que abrir tu boca y decirle «cuán santo eres». Ella hace que las personas estén llorando a los diez minutos de que hayas comenzado a predicar. No necesitas credenciales ni recomendaciones, solo él te acompaña, y eso es suficiente. Tú no vas delante pidiéndole a Dios que en su misericordia apoye tu proyecto; vas detrás obedeciéndole.

EL SEGUNDO TOQUE

De todo el libro, es posible que esta tercera parte sea la medular; por eso quiero dedicar este capítulo a aquellos que están involucrados con la obra de Dios y anhelan algo más.

El llamado telefónico de esta sierva del Señor no pudo ser más oportuno. Mi esposa y yo estábamos considerando con seriedad convocar a una gran cruzada de santidad. Habíamos logrado realizar una reunión en el teatro Astral de la provincia de Buenos Aires con una concurrencia de unos tres mil quinientos jóvenes que se acercaron a través de la radio. Pero eso no era lo que habíamos soñado ni se parecía a la visión. Si en realidad el Señor nos había entregado un ministerio, deberíamos tener un toque especial, o de otro modo no tendríamos influencia sobre la juventud.

Recuerdo que luego de predicar en una reunión en Córdoba, Argentina, de regreso al hotel tuve una crisis con el Señor.

«Padre mío», dije con más enojo que súplica, «todos los hombres y mujeres que has usado a través de la historia tuvieron algo especial. Cuando Kathryn Kuhlman caminaba por la nave principal de un templo, los milagros comenzaban a ocurrir. O sin ir muy lejos, cuando Carlos Annacondia reprende a los espíritus, los endemoniados son libres, y cuando Claudio Freidzon ora, las personas caen bajo el éxtasis de la

unción. Concretamente, Señor, si tú no haces algo conmigo, los jóvenes no vendrán a escucharme hablar de ti».

Aún no sé cómo tuve el coraje suficiente para hacer una oración semejante, pero de algo estaba seguro: no quería ser una nota más en un gran pentagrama musical. Y no era una cuestión de orgullo, sino de hambre por el poder de Dios en mi vida. Recordé que Moisés había hecho un planteamiento semejante cuando preguntó: «¿Cómo creerán que Jehová me envió?», y en seguida Dios le proporcionó una vara milagrosa. He aquí el gran secreto: No importa *qué* es lo que tienes, sino de *quién* es lo que tienes. Si la presencia va contigo, las circunstancias se allanan de modo indefectible.

La Biblia narra en Marcos 8:22-25 que Jesucristo en una ocasión se encuentra con un ciego en la ciudad de Betsaida. El maestro escupe en sus ojos, le impone las manos y le pregunta si ve algo. El ciego, mirando, dice: «Veo gente; parecen árboles que caminan».

Quiero que te detengas en este punto: este hombre había recibido el toque del Señor, pero aún confunde a las personas con árboles, lo cual nos da la pauta de que no ve con claridad. Eso era exactamente lo que me ocurría esa noche en un hotel de Córdoba; sabía que el Señor me había tocado por su infinita gracia, mas todavía no distinguía con exactitud el propósito de mi llamado. Además del toque inicial del establo, ahora necesitaba mi Jordán, ese momento glorioso de la llenura sin límite del Espíritu Santo y de los planos completos de la voluntad de Dios para mi vida.

Marcos nos relata que el Maestro no decepcionó al ciego que confundía a la gente con arbustos: «Entonces le puso de nuevo las manos sobre los ojos, y el ciego fue curado: recobró la vista y comenzó a ver todo con claridad».

Él tuvo que tocar al ciego por segunda vez para que viera de la manera correcta. «Eso es lo que necesito», le dije al Señor, «tengo la urgencia de no estar adivinando qué va a suceder cuando predico. Quiero que me des una revelación clara de que tú estás conmigo en cada momento de mi vida».

Es posible que estés pensando: «Yo creía que al aceptar a Cristo como mi Salvador personal, el Espíritu Santo habitaba dentro de mí». Y tienes razón.

Lo que yo trataba de decirle a Dios era que necesitaba esa unción regia, esa unción real que opera milagros y logra que la gente confronte su vida. Ese Jordán que te da el visto bueno para conmover a las naciones.

Si estás tan sediento de ese segundo toque del Señor como yo lo estuve hace unos años, te ruego que leas los siguientes pasos que un patriarca tuvo que experimentar para que la presencia de Dios lo acompañara incondicionalmente.

YO NO SUBIRÉ EN MEDIO DE TI

Quiero que lo veas de la siguiente forma: El próximo domingo tienes que predicarle a un centenar de personas hambrientas de una palabra ungida, así que te dispones a orar buscando la guía del Señor para tan difícil tarea. De pronto, tienes una visión: el Padre en persona dice que te permitirá predicar y hasta enviará a algunos ángeles para que te den una mano; la gente se salvará y algunos se conmoverán. Nada puede fallar… excepto que él no estará presente. ¿Te suena a tragedia? Si es así, seguro tenemos algo en común con Moisés.

El libro de Éxodo, en el capítulo 33, nos da un panorama de la historia.

«El Señor le dijo a Moisés: "Anda, vete de este lugar, junto con el pueblo que sacaste de Egipto, y dirígete a la tierra que bajo juramento prometí a Abraham, Isaac y Jacob que les daría a sus descendientes. Enviaré un ángel delante de ti, y desalojaré a cananeos, amorreos, hititas, ferezeos, heveos y jebuseos. Ve a la tierra donde abundan la leche y la miel. Yo no los acompañaré, porque ustedes son un pueblo terco"».

Es obvio que Dios estaba harto de lidiar con un pueblo infiel. Israel tenía demasiado frágil la memoria, y había olvidado el favor de Jehová; pero los ruegos de Moisés habían logrado un cambio en los planes divinos: Dios les entregaría la tierra prometida… pero no iría con ellos.

La propuesta era obtener un ministerio de gracia: es posible que logres construir un bonito templo, tengas un buen coro, un programa de televisión y hasta escribas libros o grabes un disco; las personas creerán que todo está correcto, pero tú sabrás que el Señor no está en la sociedad. Careces de su presencia.

Moisés había sido elegido en el establo y procesado en la carpintería de la espera, mas ahora necesitaba el toque del Jordán. No se movería sin la presencia incondicional de aquel que lo eligió.

Así que el profeta proclama alerta roja en todo el campamento y los pone al tanto de la situación:

Jehová está a punto de dejarnos.

«Cuando los israelitas oyeron estas palabras tan demoledoras, comenzaron a llorar y nadie volvió a ponerse sus joyas» (Éxodo 33:4). En realidad estaban preocupados, y la situación era sumamente seria, así que decidieron, como primera medida, proclamar duelo en todo el pueblo.

He visto muy poca gente preocupada de modo serio por la presencia de Dios. Recuerdo cierta conversación que sostuve con un ministro de alabanza. Le dije que estaba preocupado por las veces en que no sentía la presencia de Dios en mi ministerio y le hablé de mi paranoia por perderla. «No existe nada que me interese más», le dije con tono preocupado, «no anhelo con tanta fuerza otra cosa que no sea su presencia, y me hiela la sangre el solo pensar que pueda carecer de ella». Mi interlocutor me observó con detenimiento y, luego de una larga pausa, me indicó: «Yo nunca me detuve a pensar en eso; mientras cante y la gente reciba, todo está bien. Mi gran problema surge cuando estoy afónico, solo entonces me preocupo… o tal vez cuando el equipo de sonido no es de buena calidad». Era evidente que estábamos hablando de dos cosas diferentes y en dos dimensiones distintas. Pero ese día supe que muy pocos se preocupan por lo que en realidad es mucho más importante que una buena voz, un excelente sonido o una gran promoción: la presencia de aquel que te envió, y ella no vendrá hasta tanto no tengas una sincera preocupación por tenerla.

El vestir de luto tipifica la honda necesidad de pagar el precio, buscando su rostro con pasión y una intensa sed por ese segundo toque. Israel se enlutó pensando que Jehová no estaría en medio de su pueblo. Sin embargo, hicieron algo incluso más importante: «Por eso, a partir del monte Horeb los israelitas no volvieron a ponerse joyas» (Éxodo 33:6). Entre los atavíos estaban los colgantes, aretes y brazaletes que el pueblo había traído de su antigua tierra de esclavitud. Eran los recuerdos sentimentales de Egipto. Algún judío habrá pensado que eran simplemente unos recuerdos inofensivos, y algún otro quizás hasta tildó a Moisés de fanático. Pero el patriarca sabía que esos atavíos habían llevado a Israel a postrarse ante un becerro de oro. Todos los grandes derrumbes comienzan con pequeñas grietas, sigilosas componendas que nos permitimos antes de la caída final.

En distintas partes del mundo he visto a cientos de jóvenes y adolescentes atados a la pornografía y cualquier tipo de desviación sexual. En ocasiones tuve la oportunidad de hablar con alguno de ellos y todos tienen el mismo denominador común: se permitieron mirar alguna película erótica o subida de tono, acariciaron un mal pensamiento por unos instantes, y luego se sintieron literalmente atrapados por un espíritu de lujuria. Aquello que parecía ser un simple desliz se transforma en un tumor difícil de extirpar. Nadie se postra ante un becerro de oro de la noche a la mañana, son los «pequeños atavíos» los que nos conducen a la tragedia.

LOS HOYOS DEL COYOTE

El 20 de diciembre de 1997 celebramos una gran cruzada de santidad en el estadio abierto más grande de Argentina, el Monumental River Plate. Allí se dieron cita más de cincuenta mil jóvenes de todo el país. Esa noche, en medio del sermón, recordé un viejo dibujo animado de mi infancia y lo comparé con la óptica que solemos tener de nuestra vida espiritual.

Me refiero al inalcanzable personaje Correcaminos y el fallido coyote. En la trama de la historieta, este último hacía lo imposible para atrapar a su veloz

presa, y cuando estaba a punto de darse por vencido, recurría a una lata con una particular inscripción: «Agujeros Acme». Solo tenía que colocar uno de esos hoyos instantáneos en la carretera y lograría que el Correcaminos terminara en una trampa mortal. Por supuesto que no lograba su cometido, y había que esperar hasta el próximo episodio para seguir sufriendo junto a esta singular pareja.

Lo curioso del caso es que solemos creer que el diablo también tiene un arsenal de latas de «Agujeros Acme» y que en cualquier momento podría hacernos caer en la sutil trampa. Es entonces cuando solemos escuchar frases tales como: «El hermano José cayó en pecado», desligando a la pobre víctima de toda responsabilidad. Si «cayó» significa que iba por la vida tratando de agradarle al Señor, pero un inesperado «hoyo» lo sorprendió. Sin embargo, la realidad es que nunca caemos, sino que «entramos» en el pecado. Los pequeños atavíos y joyas: las mentirillas piadosas, las miradas deshonestas, los ojos impuros y las palabras con doble sentido, son la antesala del derrumbe espiritual. Acariciar un «inofensivo» recuerdo de Egipto nos conducirá a postrarnos ante el becerro de oro; los atavíos conocen el camino.

UN LUGAR DE ENCUENTRO

Luego de que el pueblo de Israel se enlutó y se despojó de cualquier atuendo del pasado, Moisés hizo algo más: «Moisés tomó una tienda de campaña y la armó a cierta distancia fuera del campamento. La llamó «la Tienda de la reunión con el SEÑOR». Cuando alguien quería consultar al SEÑOR, tenía que salir del campamento e ir a esa tienda» (Éxodo 33:7).

Si Israel en realidad deseaba que la presencia de Dios los acompañara, tenían que salir del campamento y acudir a la cita con Jehová. Debían abandonar su rutina diaria para buscar al Creador.

No obtienes la presencia hasta tanto no la busques con todo tu corazón y la oración forme parte de tu dinámica de vida.

La mañana del 17 de agosto de 1996 tuve un interesante diálogo con el pastor Sam Hinn en la ciudad de Quilmes, durante una de sus visitas a la Argentina. «Los jóvenes necesitan a alguien que sea genuino, que escarbe en su realidad», me dijo en un tono profético, «y si tú quieres ser un líder que los conduzca a la santidad, debes tener largas horas de intimidad con el Señor. Lo que hagas en lo secreto tendrá como resultado lo que fluya en público». No estaba diciendo algo netamente nuevo, pero esas palabras confirmaron mis deseos de acudir a la cita diaria. El asunto es que casi siempre el campamento nos tiene demasiado ocupados como para salir de él y buscar su rostro. Por eso son escasos los que anhelan la presencia de Dios en sus ministerios, y son aun menos los que pagan el precio.

CAPÍTULO 8

LOS SECRETOS DE LA ORACION

HAY UNA URGENTE NECESIDAD en la esfera espiritual de gente que le dedique tiempo al secreto de Dios. Nos han enseñado cómo tener una gran fe que mueva montañas, plantar iglesias o predicarle a las multitudes, pero no se ha hecho demasiado énfasis en el mayor de los secretos: la oración.

Cuando mi esposa y yo recibimos la visión, pensábamos que solo había que avanzar, proclamar las palabras correctas a través de la fe, y así obtendríamos resultados excelentes. No obstante, más tarde descubrimos que la santidad y la revelación no se obtienen con fórmulas instantáneas ni métodos preconcebidos; por el contrario, todo se reduce a una sola

cosa: la búsqueda de su rostro.

Estamos viviendo un tiempo muy especial en el reloj de Dios, un tiempo donde el Señor está llamando a sus hijos a buscarle con mayor intensidad. Creo con firmeza que si no obedecemos a su llamado, nos arrancará de los púlpitos y nos llevará al cuarto privado de oración.

En la madrugada del 4 de julio de 1997, el Espíritu Santo me trajo luz con respecto a lo que Dios está reclamándonos como siervos.

El Señor está celoso de todos nuestros planes, proyectos y agendas repletas de invitaciones; él desea que le dediquemos la mayor parte de nuestro tiempo. Nuestro propio ministerio, en ocasiones, nos juega una mala pasada. Estamos tan absortos en las cosas del Señor que olvidamos a aquel que nos contrató.

Necesitamos una generación que se pare en nuestros púlpitos como fieles voceros de la voz de Dios. Isaías 5:1 dice: «Cantaré en nombre de mi amigo querido una canción dedicada a su viña». De eso se trata, te internas en el secreto de Jehová y luego traes el canto del amigo a su plantío.

Existen dos tipos de predicadores: los que dicen algo y los que tienen algo que decir. Estos últimos son los que han estado en la intimidad con el Altísimo y traen un mensaje fresco a la congregación.

Puedes tener fiebre y orar por los enfermos, puedes estar con las finanzas quebradas y orar por la economía de los necesitados, pero no puedes carecer de intimidad con el Padre y orar por su presencia. La presencia de Dios simplemente se siente mientras hablas con la gente; no hay esfuerzos, solo fluirá lo que has obtenido en el secreto. La marca del Jordán se produce en el monte de la búsqueda personal.

UNA CONSECUENCIA DEL AMOR

Como a la gran mayoría de los jóvenes, me costó casi veinte años de trabajo duro cultivar mi intimidad con Dios. Tal vez se debiera a que mis primeros pasos espirituales fueron dados en un marco en extremo legalista y mi imagen de Dios distaba mucho de ser la de un Padre tierno que anhelaba dialogar conmigo.

Durante nuestros primeros años en el ministerio, notábamos que cientos de jóvenes y adolescentes sufrían el mismo problema: la oración era una tortuosa disciplina. En particular durante una cruzada que tuvimos en el estadio Obras, en Buenos Aires, noté que la juventud no podía obtener el deleite de la oración. «Amado Padre», le dije, «estos muchachos están viviendo lo que yo padecí hace unos años; no logran tener una vida regular de oración. Dime cuál es el método o la manera para que levantes poderosos intercesores de esta generación».

Y el Señor me susurró: «Solo háblales de mí. Condúcelos a mí, y yo los convenceré».

Este era el secreto. La oración no tiene que ser parte de una penosa tortura, sino la consecuencia del amor. Provengo de una generación a la cual nunca se nos enseñó a amar a Dios, solo se nos dio una serie de mandamientos y reglas a cumplir.

Recuerdo que me obligaba a orar para que Dios «no se enojara conmigo» o simplemente para «participar de la Santa Cena sin pecado», pero jamás lo buscaba por amor. «Si no estás orando, Dios no te ayudará en tus exámenes», me sentenciaban aquellos que parecían saber un poco más del tema; nunca imaginé que podía buscarlo sin la necesidad de pedirle algo.

Mi imagen de Dios se distorsionó de tal manera que llegué a detestar la oración. Estaba harto de un Padre que estaba dispuesto a castigarme al primer error.

La vida devocional surge de tu amor incondicional hacia él. Cuando me casé con Liliana, ella no me dio una lista de reglas a cumplir ni tuve que obligarme a serle fiel. Nos amábamos, y todo lo demás era una consecuencia de ese amor. En la vida espiritual, jamás lograrás tener una vida de oración si primero no le buscas con amor.

El Señor no está esperando que vayas con una larga lista de peticiones y un discurso de frases correctas. Solo anhela sentarte a su lado, acariciar tus mejillas y jugar con tus cabellos. Él desea que le hables de tus luchas, tus anhelos y tus suspiros más íntimos; él añora que le cuentes qué te hace entristecer y qué broma logra que dibujes una sonrisa. El Padre desea que esa atareada ama de casa olvide por un momento que tiene una vajilla que lavar e hijos que atender, y por un instante vuelva a ser la niña en los brazos de papá. Espera que ese rudo jefe de familia olvide los golpes de la vida que lo hicieron madurar, y por unos minutos se desmorone en las rodillas de su Creador. Él desea que el enérgico líder le cuente sus miedos más ocultos, y espera que esa dama, a la que la vida no le dio tregua, se arroje en sus brazos y sienta el reposo del guerrero. Es el mismo Padre que acomodó el cosmos en su lugar, pero que ahora te lee un cuento mientras tratas de conciliar el sueño. Es el mismo que con un suspiro creó los cielos, pero que ahora se ha detenido a escuchar tu respiración. No tienes que decir «Dios Omnipotente» ni demasiadas veces «amén»; se trata tan solo de recostarte en sus hombros… y amarlo.

LA ORACIÓN SUPERFICIAL

Cuando en realidad anhelas ese segundo toque en tu vida y tu ministerio, tu oración debe experimentar un crecimiento paulatino.

Por lo general existen tres niveles de oración. El primero es el superficial; se trata de esas oraciones huecas, en las cuales no se entrega el corazón ni hay

una verdadera sed por buscar su rostro. En ocasiones, cuando tengo el privilegio de acercarme a alguien para orar por él, suelo tomarme un tiempo para oír su manera de orar. La gran mayoría se dirige al Padre de un modo preconcebido y lleno de palabras correctas, lo que denota una enorme carencia de amistad con el Creador.

La oración superficial no atraerá su presencia; necesitamos acercarnos al trono y entablar una estrecha amistad con él.

Estamos acostumbrados a pensar que Dios solo puede oír las oraciones y los discursos de prestigiosos hombres ungidos, pero nos cuesta entender que está dispuesto a oír nuestra más sincera súplica. En varios países de Latinoamérica he notado la tendencia de pedirle al evangelista o al pastor que ore por las personas, «ya que Dios lo oye más a usted que a mí»… como si solo algunos tuvieran la llave de acceso directo a los cielos. Y creo que los ministros tenemos una gran parte de la culpa, pues no le hemos enseñado a la gente a cultivar su propia búsqueda personal.

Hace unos años nos encontrábamos en la oficina de un varón al que Dios le ha dado una creciente iglesia en la zona sur de Buenos Aires. Recuerdo que él hizo un comentario que, literalmente, me abrió los ojos con respecto a este tema.

«En el desierto», dijo en tono confidencial, «el

diablo se atrevió a tentar a Jesús, pero la propuesta más ridícula fue sin duda cuando le dijo al hijo de Dios que convirtiera una piedra en pan… Imagínate, estaba diciéndole al Pan de Vida que transformara una roca en pan».

Aún no entendía lo que estaba tratando de decirme, así que agregó:

«Los ministros tenemos que cuidarnos de no cometer el error de transformar pequeñas piedras en pan, para satisfacer el hambre momentáneo de la gente, en lugar de enseñarles a buscar el verdadero Pan de Vida».

Lo que este pastor acababa de decir alguien debía escribirlo en un libro para que los que estamos involucrados en la obra de Dios jamás lo olvidemos: No estamos tratando de contentar a un grupito de ovejas maltratadas, estamos entrenando guerreros.

A la gente le resulta más fácil ahorrarse la búsqueda privada y pasarle un «papelito» con su petición al pastor, y en ocasiones, los ministros disfrutamos de esa dependencia; les imponemos las manos y les decimos a las personas que regresen por más el próximo domingo.

Estoy seriamente convencido de que el Señor está gestando una nueva generación que, en lugar de consultar con el enfermero, va directo al médico. Siempre que tengo oportunidad les digo a los jóvenes que disfruten del hecho fascinante de charlar con el mismo Dios que ha contestado las oraciones de Abraham, David, Elías, Pablo y Billy Graham. Mientras pierdes tu tiempo haciendo una larga fila para que el evangelista te imponga sus manos, el Hacedor del universo te aguarda en tu habitación. No puede haber algo más fascinante que esto: el mismo Dios que unge a los misioneros del mundo tiene una cita contigo esta madrugada.

Si puedes captar la dimensión de esta verdad tan sencilla y al parecer trivial, tu vida de oración dejará de estar en el plano superficial y pasará a un nivel superior.

UN CORRAL LIMPIO

El segundo nivel en la búsqueda personal de Dios es la oración intensa. Por lo general surge en nuestros momentos de crisis, esos días en que todo se transforma en un caos y decidimos orar hasta que las cosas comiencen a mejorar. Por supuesto que se trata de una oración egoísta, que solo persigue el fin de obtener lo que queremos. No obstante, ningún padre se conmueve cuando su hijo solo lo busca si necesita dinero o regalos; Dios no es un Santa Claus gigantesco que debe cumplir nuestros caprichos y responder a nuestros reclamos.

Existe un tercer nivel: el de la búsqueda continua. Esa oración que no está regulada por un horario, sino que forma parte de tu diario andar. Y no estoy hablando de esa comunión con el Señor que una gran mayoría alega tener: «Bueno, yo no dedico tiempo a la oración, pero canto los coros de la iglesia durante todo el día»; por supuesto que estoy refiriéndome a algo mucho más profundo que eso. Lo que trato de decir es que tu vida entera se transforma en oración.

A mediados de septiembre de 1993, mi esposa y yo decidimos escoger un sitio en nuestro hogar donde cada noche buscáramos al Señor. Estábamos conscientes de que podíamos orar en cualquier lugar, sin embargo, en nuestro caso, nos ayudaría a disciplinarnos en la oración.

Desde entonces, cada madrugada nuestra sala se transforma en un altar privado de oración. Cada vez que nos disponemos a orar, tratamos primero de calmar nuestro espíritu, cantando algún coro o leyendo la Biblia en voz alta para lograr equilibrarnos y entrar a su presencia, eliminando de esta forma cualquier pensamiento que nos distraiga.

También vivimos la experiencia de quedarnos dormidos luego de un día agotador, pero no permitimos que eso nos desalentara; al contrario, al siguiente día volvíamos a intentarlo. Como dijimos en el capítulo tres, si las aves de rapiña hubieran logrado destruir nuestro altar, habríamos perdido la revelación y la comunión con el Señor.

El caso es que la oración continua no se logra

luego de «horas de búsqueda frenética» con el fin de recuperar el tiempo perdido. De nada sirve orar dos horas seguidas, decir «amén», y las veintidós horas restantes vivirlas desvinculados de Dios. Nuestra motivación para orar no debe ser el obtener poder, sino el lograr parecernos más a él, aumentar nuestra comunión y, por consiguiente, nuestra santidad. Y lo increíble del caso es que, a medida que crece nuestra comunión, sentimos que lo necesitamos cada vez más. La oración cumple la misma función de un reflector: mientras más te acercas, los errores se tornan más visibles.

En el primer libro de Samuel, capítulo 15, hay un episodio muy curioso. A través del profeta, Jehová le ordena al rey Saúl destruir la ciudad de Amalec. Era una orden precisa y categórica: «He decidido castigar a los amalecitas por lo que le hicieron a Israel, pues no lo dejaron pasar cuando salía de Egipto. Así que ve y ataca a los amalecitas ahora mismo. Destruye por completo todo lo que les pertenezca; no les tengas compasión» (1 Samuel 15:2-3).

Dios había emitido una orden precisa: acabar con Amalec, y eso incluía todo ser viviente, inclusive las vacas, ovejas, camellos y asnos. Pero Saúl era un personaje curioso. La Biblia narra que el monarca acató la orden… solo en parte.

«Además de perdonarle la vida al rey Agag, Saúl y su ejército preservaron las mejores ovejas y vacas, los terneros más gordos y, en fin, todo lo que era de valor. Nada de esto quisieron destruir; sólo destruyeron lo que era inútil y lo que no servía» (1 Samuel 15:9).

El rey de Israel consideró que no tenía nada de malo perdonarles la vida a unos lindos cerdos y unas cuantas ovejas bien mantenidas. *De todos modos*, habrá pensado, *siempre es saludable obtener un buen botín de la batalla*. Sin embargo, se deshizo de todo lo débil e inservible.

Con todo, Dios no lo consideró como un simple detalle, y se lo comunicó a su profeta Samuel. Así que, al regreso de la misión, este último decide confrontar a Saúl y pedirle explicaciones en nombre de Dios.

No obstante, Saúl no es de los que reconocen con rapidez sus propios errores.

«Cuando Samuel llegó, Saúl le dijo:

— ¡Que el SEÑOR te bendiga! He cumplido las instrucciones del SEÑOR. — Y entonces, ¿qué significan esos balidos de oveja que me parece oír? — le reclamó Samuel—. ¿Y cómo es que oigo mugidos de vaca?» (1 Samuel 15:13-14).

La escena parece un cuadro de comedia: Saúl está tratando de dar una explicación coherente mientras intenta ocultar un corral repleto de animales procedentes de Amalec.

Puedo ver al viejo Samuel hacer uso de su ironía

cuando le dice: *Quisiera oírte con claridad, Saúl, pero tus ovejas y vacas gritan tan fuerte que apenas puedo escucharte.*

Se parece mucho a la relación que algunas personas tienen con el Señor: durante toda la semana se permiten «ciertos pecadillos» que consideran inofensivos para su vida espiritual; al fin y al cabo, se trata de un pequeño «ganado» que tiene como destino el propio corral. Y cuando al fin van a la presencia de Dios, pasan la mayor parte del tiempo diciendo: «Señor, siento que no estás oyendo mis súplicas y necesidades». Mientras que Dios les dice: «Quisiera oírte, hijo mío, pero ocurre que los balidos y bramidos de tu corral gritan tan fuerte que no me dejan oír tus ruegos».

El camino más directo a la perfecta comunión con el Señor es una santidad creciente. Dios no puede contestar las oraciones de aquellos que no tienen hambre por la santidad y la integridad absoluta.

Dios no está en busca de gente perfecta y sin errores, solo desea personas dispuestas a intentarlo una y otra vez. Kathryn Kuhlman solía decir: «Estoy segura de cuáles serán mis primeras palabras cuando me encuentre cara a cara con mi Señor. Lo miraré fijamente y le diré: "No fui la mejor y tuve una montaña de errores, pero nadie como yo lo intentó tanto cada día de su vida"». A esto se reduce nuestra vida de oración: a que cada partícula y átomo de nuestro ser esté concentrado en agradarle; a que estemos comprometidos, hasta nuestras fibras más íntimas, a buscar su santidad.

Eso es tener el toque del Jordán.

El desierto

CAPÍTULO 9

CIELOS ENMUDECIDOS

ABOGADO O ALBAÑIL. Chofer o alcalde de la ciudad. Pastor o laico. Bautista o pentecostal. Conservador o liberal. Todos, indefectiblemente todos, han pasado por él. La gran mayoría no se conoce entre sí, pero tienen algo en común: en algún momento de sus vidas les ha tocado transitar por ese páramo desolador. Ese árido lugar plagado de espejismos y silencio. Ese sitio rodeado de llanuras interminables que quisiéramos olvidar.

Y la sed. La espantosa sed de amistad y diálogos fluidos, mientras que la arena se nos va metiendo en el alma. Hubiésemos preferido no haber pasado nunca por aquí, y de haberlo sabido, habríamos tomado un atajo. Pero algo nos recuerda que hasta el mismo

Señor estuvo en él… y sobrevivió. Se trata del tan temido desierto.

Por lo regular llega luego de las grandes victorias y cuando creemos que merecemos un reconocimiento honorífico. Nunca es bienvenido, aunque llegará después del éxtasis del Jordán. Es el lugar a donde son conducidos los Elías después de acabar con los profetas de Baal.

Cierta vez alguien me dijo que existen tres voces que debía aprender a diferenciar antes de estar listo para la gran comisión: la voz de Dios, la del enemigo y mi propia voz. Y lo sorprendente es que tal cosa solo se aprende en el desierto, en ese lugar de páginas blancas y agendas vacías.

Quiero que trates de verlo de la siguiente forma: Dios te elige en el anonimato del establo, te enseña a esperar por la visión en la carpintería, te marca con su presencia en el Jordán, pero solo podrá confiar en ti luego que te procese en el desierto.

El Señor no te enviará a las multitudes si no has aprendido a oír los sonidos del silencio. Sucede que el cambio suele ser brusco, ya que vienes del Jordán, ese momento de tu vida cuando el teléfono jamás paraba de sonar y los amigos sobraban. Pero ahora estás en un lugar donde los agradecimientos cesaron y los consiervos casi no te recuerdan. Es casi injusto que estés allí después de las grandes batallas que te han tocado vivir, mas el desierto se dibuja imponente como presagiando lo que será una larga travesía.

Aún recuerdo la primera vez que pasé por él. Acababa de terminar una cruzada de santidad en un anfiteatro de la provincia de San Juan, Argentina. Alguien allegado a nuestro ministerio nos habló de una mujer muy ungida que ministraba a través de la profecía. Me comuniqué con ella por teléfono con el único deseo de compartir experiencias, pero reconozco que mi subconsciente deseaba alguna palabra de aliento por medio de esta mujer.

—Sería bueno si vinieras a una de mis reuniones con tu esposa y la gente de tu ministerio —me dijo—. Dios me ha estado intranquilizando con un mensaje profético que debo transmitirte.

Era la invitación que esperaba. Me sentía cansado y ya era hora de que Dios usara a alguien para darme nuevas directivas.

—No sé si sea lo correcto —dijo Liliana—, siempre que Dios quiso hablarnos lo hizo en la intimidad.

—No veo qué tiene de malo que alguien nos profetice —le contesté un tanto molesto—. Además, creo que ya podemos permitirnos el privilegio de pedir que alguien ore por nosotros. Supongo que Dios sabe que tenemos mucho trabajo y no contamos con demasiado tiempo para orar toda la noche.

Sin darme cuenta, ese día expuse *lo que me gustaría que Dios dijese*, en lugar de lo que en realidad Dios estaba diciendo, y sin querer, acababa de entrar

por la puerta principal al desierto.

Nos alistamos y fuimos a una de las reuniones de esta mujer acompañados de una gran parte del ministerio. No sucedió nada especial durante la primera hora y media, pero luego, casi al finalizar su mensaje, descendió de la plataforma y fue directo hacia nuestra comitiva. Oró por mi esposa y le profetizó algunas cosas sobre su ministerio que solo sabíamos Liliana y yo. Percibía de manera inequívoca que Dios estaba usando genuinamente a esta mujer. Luego de orar por Liliana, me pasó por alto y fue directo hasta mis colaboradores. Podía oír cómo Dios estaba usando de forma vigorosa a esta dama; algunos de mis ayudantes caían de rodillas, mientras que otros temblaban de pies a cabeza. Por alguna razón me dejaba para el final. *Seguro que el Señor debe estar mostrándole algo muy poderoso con respecto a mi vida*, pensé, *por lo que está dejando lo mejor para último momento.*

Luego de orar por casi toda la congregación, la mujer se acercó lentamente a mi oído y comenzó a hablar en lenguas angélicas. Fueron casi cinco minutos interminables. Yo tenía los ojos semicerrados y podía ver a mi esposa y a todos mis colaboradores observándome. La profetisa no paraba de hablar en lenguas desconocidas.

—¡Envía la traducción, Padre, envíala de una vez, que tu siervo oye! —dije en voz alta para que la hermana se diera cuenta de que la curiosidad me estaba matando.

Ella abrió los ojos y detuvo su hablar en lenguas. Me miró fijamente y con una voz clara, como para que lo oyera hasta el último laico de la congregación, dijo:

—Esfuérzate.

La profetisa giró sobre sus talones y regresó a la plataforma como si me hubiese acabado de recitar el Antiguo Testamento en arameo.

Creo que pocas veces en mi vida me enojé tanto. Había invertido mi «valioso» tiempo y el combustible del auto para que me dijera un miserable y raquítico «esfuérzate».

—No pudo haberlo dicho en serio —le susurré a mi esposa—. Habló casi diez minutos en lenguas, y toda la traducción fue «esfuérzate», debe ser una broma...

—No te preocupes —me dijo Liliana al oído—, Dios tiene un propósito.

—Ah, seguro —le contesté con ironía—, puedo encontrar cientos de «esfuérzate» en toda la Biblia sin tener que venir hasta aquí.

En realidad, me sentía frustrado. Me había imaginado una gran profecía, pero en su lugar Dios me tenía preparado un gran desierto. Recuerdo que llegué a casa y le dije a Liliana que no estaba dispuesto a conformarme con un simple «esfuérzate»

y duplicaría mi tiempo de oración de ser necesario. Sin darme cuenta, la escuela del desierto estaba dando buenos resultados.

«Por eso, ahora voy a seducirla: me la llevaré al desierto y le hablaré con ternura. Allí le devolveré sus viñedos» (Oseas 2:14-15).

En ocasiones, la única manera que el Señor tiene de hablarnos es conduciéndonos a esa etapa silenciosa que solemos detestar. Él no puede darnos «viñedos» o una visión cuando estamos atareados con una agenda llena de compromisos impostergables.

Pastores y líderes que no reconocen un trabajo bien hecho ni tus horas de esfuerzo; amigos de frágil memoria que olvidan que tienes teléfono; consejeros que ni siquiera tratan de escucharte cuando los necesitas; comités que olvidan tu nombre a la hora de los reconocimientos, y hasta un Dios que parece no recordar sus promesas… el desierto jamás fue un sitio agradable, pero vaya que se aprende, y mucho.

Mis mayores momentos de intimidad con el Señor han surgido luego de largas caminatas por esa arena solitaria. Allí todo es muy diferente a lo vivido en el Jordán; no hay fuertes terremotos ni vientos huracanados, sola una casi imperceptible brisa, un suave silbo.

Lo más sorprendente de esta etapa es que cuando el tentador aparece para decirte que Dios se olvidó de ti, solo tienes un arma para defenderte: el «escrito está» que aprendiste durante la carpintería. Toda esa provisión que acumulaste durante tu tiempo de espera parece cobrar sentido en la aridez del desierto.

La cruz

CAPÍTULO 10

EL CEMENTERIO DE LA CARNE

TENDRÍA UNOS DIECIOCHO AÑOS o tal vez veinte. Lucía un impecable traje gris, y antes de salir al aire me había dicho que soñaba con ser un gran periodista. Me hubiera gustado recordar su nombre, pero jamás me destaqué por mi buena memoria. De algo sí estoy seguro: estaba en Costa Rica y el muchacho me entrevistaba para un programa juvenil que se emite por la cadena de televisión *Enlace T.B.N.* Lo recuerdo porque fue el primer reportaje que me hizo reflexionar acerca del ministerio que por gracia Dios nos entregó.

—Debe haber algún secreto —hostigó el periodista—, algo determinante para que el Señor te confiara el ministerio con los jóvenes. Queremos que nos

digas qué fue lo que hiciste para que Dios pudiera confiar en ti.

Tenía miles de respuestas que me habrían postulado para la medalla de la sencillez. Pude haber dicho: «Bueno, tú sabes que no hice nada en lo absoluto, simplemente Dios me tocó en su infinita soberanía». Y aunque hubiera sido una respuesta acertada, no habría llenado las expectativas del entrevistador.

En realidad, lo vi interesado en algo más. Antes de iniciar el programa me había confesado que no deseaba otra cosa en la vida que conocer los secretos del reino. Me había dicho que estaba dispuesto a pagar cualquier precio para que la unción reposara sobre él. Y yo conocía esa sed, esa «desesperación santa» por la presencia de Dios.

Él no quería solo información, estaba anhelando conocer el detonador de su vida espiritual. Pude haberlo hecho sentir incómodo si hubiera respondido: «Pagué el precio de la oración. ¿Quieres un ministerio? Comienza a orar más tiempo». Sin embargo, le habría mentido; la cantidad de oración no compra ministerios.

Por unos instantes recordé cuando daba cualquier cosa porque alguien me dijera cuál era el secreto del toque divino. Qué es lo que determina que estés en el ojo del huracán o seas un espectador de lo que Dios hace en otros. A decir verdad, no hay un secreto. Simplemente estás en un continuo proceso de crecimiento. Lo esencial es que no te retrases.

—Creo que el ministerio y la unción —respondí— se reducen a una sola palabra: obediencia. Lo que hace que Dios te use es tu dependencia. No haces tus propios planes, solo te limitas a obedecer los suyos, y de esa forma te dejas procesar.

—Estoy de acuerdo —dijo el joven periodista—, pero obedecer a ciegas no es sencillo… para dejarte llevar de manera incondicional por Dios tienes que ser un… no sé, un…

—¿Un muerto?

Los dos sonreímos y nos quedamos en silencio. Sin querer acabábamos de encontrar el principal detonador, la punta del ovillo. Mi ocasional amigo costarricense se reclinó sobre su sillón y frunciendo el ceño agregó:

—Creo que esto es parte de la fórmula; para que Dios confíe en ti, tienes que estar muerto. Definitivamente muerto a la carne, a tu ego y a ti mismo. Eso es. Estar muerto.

EL PASO POR LA CRUZ

Hace un tiempo leí un libro donde se relata que Dios le mostró al autor una visión en la que entraba a un cementerio espiritual y se veía a sí mismo yaciendo en un ataúd. Si no lograba morir al dominio del yo, no podría acceder a todo lo que Dios había preparado para él.

La muerte a la carne tipifica nuestro paso por la cruz. La gran mayoría no quisiera morir al yo y preferiría alguna fórmula mágica para experimentar la plenitud de Dios en sus vidas. Pero no hay caminos alternativos que eludan el Calvario.

Quiero que repasemos esto juntos. Sin que lo merecieras, Dios te eligió he hizo historia con tu establo. Luego esperaste en tu silenciosa carpintería por el cumplimiento de esa visión. Hasta que el Jordán te sorprendió y experimentaste la llenura total, el clímax de la presencia de Dios en tu vida. No obstante, necesitabas pasar por el desierto, esa arena que pule a los que quieren servirle y dicen amarle. Cuando creías que lo habías aprendido todo y estabas listo, Dios te dice que él no puede confiar en la gente viva, debes pasar por tu cruz de modo inevitable.

«¡Qué tontería! Lo que tú siembras no cobra vida a menos que muera» (1 Corintios 15:36). La verdadera vida espiritual surge cuando la carne es crucificada.

No obstante, morir a la carne no significa que pierdes tu carácter y te transformas en un pusilánime que carece de toda autoridad, sino que Dios aprovecha tu dominio del yo para someterlo a los pies de Cristo.

Este fue el capítulo que más me costó decidirme a escribir, y estuve casi una semana debatiéndome en si era necesario hacerlo. Tal vez porque como dije antes, no existen secretos instantáneos que determinen el toque de Dios sobre una vida. Sin embargo, imaginé que tal vez tuvieras cierto parecido con el reportero de Costa Rica. Te imaginé mordiéndote los labios y con los ojos encendidos de pasión por el Señor. Y fue entonces que me decidí a escribir la siguiente historia, posiblemente la más personal de todo el libro. Te la recomiendo... pero que quede entre nosotros dos.

UN AYUNO ESPECIAL

Hay dos cosas personales con las que he luchado gran parte de mi juventud. La primera tiene que ver con la televisión. Siempre me han apasionado los medios de comunicación en todas sus formas. Trabajé una gran parte de mi adolescencia como dibujante humorístico y diseñador gráfico de revistas y periódicos. Siempre me encantó escuchar todo tipo de programas radiales, y me fascina todo lo que tenga que ver con la producción de televisión. Quizá por esa razón en la actualidad sea el dueño de una productora integral que se dedica a los medios de comunicación, tanto radiales y televisivos como gráficos.

Podía pasar más de cinco horas zapeando con el control remoto, recorriendo de modo sistemático más de sesenta canales. Nunca lo consideré una debilidad, pues calmaba mi conciencia argumentando que tan solo estaba informándome. Después de todo, necesitaba algo que me desconectara de las tensiones diarias. Poco a poco las horas perdidas frente al televisor lograban disipar mi vida de oración.

«Puedo manejar esto con madurez», me decía. «Si elijo qué mirar, nunca tendré problemas con mi vida espiritual».

Lo que desconocía era que mi depósito se llenaba a diario de distracciones y trivialidades que no lograban edificar mi vida en el Espíritu.

Una noche, luego de apagar la televisión, fui a mi cuarto a orar y le pregunté al Señor qué me faltaba para que pudiera usarme. Estaba muy interesado en tener una unción pura para mi ministerio.

Fue entonces que oí una voz en mi corazón: «Quiero que ayunes. Pero no un ayuno de alimentos, sino un ayuno de cosas legítimas».

Eso significaba que debía abstenerme de cosas que necesariamente no eran pecado, pero que Dios me estaba pidiendo. Un ayuno de «cosas legítimas» significa que tienes que negarte a amistades poco convenientes, a conversaciones ociosas o… a las horas frente a la pantalla del televisor. Si crees que me quejé, estas en lo cierto. Después que le dije al Señor que mirar televisión no era pecado, que ver una película no significaba que dejara de orar, y otras muchas excusas, supe que Dios quería que comenzara mi paso por la cruz ayunando de esas cosas que ocupaban mi valioso tiempo.

Muy a pesar de mi carne, obedecí, y los resultados fueron óptimos. Aprendí a pasar largas horas con el Señor y comencé a llenar mi depósito de cosas espirituales. Si ingieres basura, eso será lo que tienes para dar; pero si te llenas del Espíritu, tu ministerio fluirá de modo natural.

Valoro mucho los ayunos de alimentos, pero de nada sirve abstenerse de alimentos todo un día y atragantarse con la televisión o cualquier tipo de distracción el resto de la semana. Estar muerto a la carne significa ser capaz de darlo todo... no solo en un ayuno ocasional, sino durante toda nuestra vida.

ENTRÉGAME EL MINISTERIO

La segunda cosa con la que he tenido que luchar fue con mi amor desmedido hacia el ministerio.

El 17 de junio de 1996 viajé a San Nicolás, Buenos Aires, para predicar en una cumbre juvenil. Luego de finalizada la reunión, le pedí a un grupo de intercesores que me ha acompañado desde mis comienzos que hiciera una oración especial por mi vida y la de mis colaboradores.

En medio de la oración le pedí al Señor que me mostrara si aún quedaba algo que empañara mi comunión con él. No quería que nada se interpusiera en mi comunión diaria.

Fue entonces cuando pude oír con claridad: «Tu ministerio».

Le dije al Señor que estaba muy agradecido por el ministerio con la juventud, pero que necesitaba saber si existía algún impedimento para acercarme a él.

«Tu ministerio». Fueron otra vez las dos únicas palabras que escuché con claridad.

Lo que Dios trataba de decirme era que mi trabajo en la obra de Dios había ocupado el lugar que le pertenecía únicamente a él.

«Oh, Señor amado», oré, «tú sabes que nunca fui el mejor en ningún aspecto de mi vida. Nunca fui el orgullo de mis padres, ni pude colgar un gran diploma en la pared. He luchado con mis complejos gran parte de mi juventud, y lo único que me dio esperanzas fue el haberte conocido. El ministerio es todo lo que tengo, es mi motor, mi oxígeno. Tú sabes que amo predicar y hacer cruzadas; si me pides eso, no me queda absolutamente nada».

Aunque todo lo que dije era cierto, también sabía que mi amor por el ministerio estaba opacando a aquel que me lo había entregado. Y siempre que la profecía se hace más grande que el que te la dio, tendrás que sacrificarla en el altar.

A través de estos cortos pero intensos años de mi relación con Dios me he dado cuenta de que él está celoso de nuestros proyectos y sistemas religiosos. El hambre de éxito ha tomado el control y el hambre de Dios ha pasado al asiento de atrás.

Cada vez que voy a la presencia de Dios y le pido un mensaje fresco para la iglesia, siento que él está harto de nuestras torres de Babel, nuestros grandes templos y nuestras colosales empresas. Él sigue buscando gente que comparta su secreto y pague el precio de la intimidad.

Tú puedes decir: «Bueno, es que hay mucho trabajo por hacer», y estoy de acuerdo. Pero el Señor está más interesado en nuestra comunión con él que en todo lo demás que podamos hacer.

El avivamiento no viene a través de una gran planificación ni por medio de métodos de «iglecrecimiento», simplemente llega porque hubo gente que se apartó de toda distracción para estar con el único que lo puede generar.

Dios se cela de ese estrado que tanto amamos. El Señor, de ser necesario, nos arrancará de los púlpitos y nos llevará a su intimidad, al cuarto privado de oración.

Recuerdo una etapa de mi vida en la que, literalmente, llegaba exhausto a la cama. Los días eran agotadores: tenía un programa diario de radio, dirigía una publicación para adolescentes y otra de la organización a la cual pertenezco, y a eso se le sumaban hasta dieciocho viajes por mes. Había ocasiones en las que revisaba viejos bosquejos de sermones para elegir cuál predicaría esa misma noche.

Todo lo que hacía era de corazón y absolutamente loable, pero estaba secando mi vida espiritual.

Hace unos años, un hombre de Dios me dijo: «Nunca olvides que si el diablo no puede detenerte, te sobreactivará», y en verdad eso era lo que estaba ocurriendo en mi vida. Mis ocupaciones estaban estropeando mi altar. Llegué a tener por adelantado dos años enteros de compromisos para predicar, y me sentía realizado por ser tan joven y tener tanta actividad relacionada con el reino. No obstante, en las matemáticas de Dios es más importante la relación con él que una agenda repleta.

En medio de este caos de actividades me llegó una invitación a uno de los congresos más importantes que se realizan en América. Así que como es natural acepté gustoso y fijamos una fecha.

Cuando colgué el teléfono, Dios me dijo de modo claro: «No vas a ir. Quiero que suspendas todas tus invitaciones y vengas a mi altar. Te espero en las madrugadas para que charlemos cara a cara».

Por supuesto que no fue fácil obedecer. Y mucho menos que mis anfitriones creyeran tal cosa, pero Dios no estaba dispuesto a que el ministerio devorara mi comunión íntima con él.

Las credenciales y los doctorados no te habilitan para estar ungido, solo pasar por la cruz es lo que marca la diferencia.

LA ÓPTICA DE LILIANA

Mi esposa siempre dice que cuando me conoció le parecí un tanto soberbio, y creo que tenía razón. Mi baja autoestima y los duros complejos de la adolescencia habían hecho que me rodeara de una muralla de orgullo. Mi filosofía era que cualquier cosa se podía lograr con esfuerzo y trabajo duro. Había logrado ser el gerente de ventas más joven de una importante firma, y eso me hacía sentir compensado con respecto a la autoestima destrozada del pasado.

Sin embargo, Dios decidió hacerme conocer la cruz. Una fría noche de invierno de 1991, supe que todo lo que «había construido» se desmoronaba. Me despidieron del empleo y los pocos amigos que tenía a mi alrededor desaparecieron de la noche a la mañana.

Recuerdo con un profundo dolor el día en que regresé a casa con la noticia de que todo lo que teníamos, inclusive nuestros planes para el futuro, se habían hecho añicos. Mi esposa me aguardaba en el balcón de nuestro apartamento, y ella tiene fresco en su memoria lo que vio ese día, así que le pedí expresamente que escribiera en forma breve cómo vivió aquella situación que cambió el rumbo de nuestras vidas:

«Siempre me sorprendió la capacidad de lucha de Dante. Decía que no había nada imposible y que nunca sintió temor ante ninguna situación. Eso me daba cierta protección, pero a la vez denotaba una total independencia de Dios en la vida de mi flamante esposo.

»Una mañana lluviosa lo esperaba en el balcón de nuestro hogar cuando vi a mi esposo caminar

lentamente y con la mirada clavada en el suelo. En ese momento supe que no era el mismo, ni nunca lo sería.

»Estaba ojeroso y la lluvia lo había empapado por completo. Caminaba como si no le importara lo que ocurría a su alrededor. Supongo que no tenía que deprimirse por tan solo un empleo, pero se trataba de algo más, su autosuficiencia se había quebrado.

»Bajé a recibirlo, y en medio de las escaleras nos abrazamos y comenzamos a llorar amargamente. Creo que estuvimos así durante casi diez minutos. Ninguno habló, solo lloramos la muerte al egoísmo y la capacidad humana. Por primera vez Dante no era el protector ni el hombre seguro de sí mismo, más bien era un niño asustado que no sabía cómo continuar su vida.

»Fue allí cuando supe que Dios debía tener un plan. Por aquellos días oramos y buscamos a Dios como tal vez no lo hiciéramos nunca durante el resto de nuestras vidas. No teníamos empleo, dinero ni mucho menos amistades que estuvieran a nuestro lado.

»Dante comenzó a buscar trabajo y fue a hablar con los líderes más importantes de nuestra organización. Pero la gran mayoría apenas lo conocía y todos le pedían recomendaciones.

»Una noche oí a mi esposo llorar y decirle al Señor: "Estoy muerto y dependiente por completo de ti". Sabía lo que eso significaba para él, así que me fui a dormir y dejé que pudiera sincerarse a solas con Dios. Fue la madrugada en que me despertó diciéndome que el Señor le había dado una visión y nos había encomendado la juventud de nuestra nación.

»Al poco tiempo, el presidente de las Asambleas de Dios, Hugo Martínez, llamó a Dante para comenzar con un proyecto educativo para los adolescentes. A partir de entonces todo comenzó a cambiar.

»Hace unos días le dije a mi esposo que sabía cuándo había ocurrido la "génesis" de nuestro ministerio. Fue aquella fría mañana de invierno cuando sus ojos altaneros se transformaron en mansos; cuando el "ganador" se transformó en "dependiente"; cuando el presunto palacio se transformó en un sencillo establo. Fue, fundamentalmente, cuando murió al yo y permitió vivir al Espíritu».

Al igual que Liliana, nunca olvidaré aquel día, a lo mejor porque las muertes a la carne, en lugar de sobrevivirlas, hay que festejarlas.

DESCANSA, QUE ÉL HACE

Un muerto no puede tener ansiedad, mucho menos desesperación.

Descansar en el Señor y dejarme llevar por él fue una de las cosas que más me costó asumir. Por lo general solemos ser racionales y decir: «Entiendo que Dios es quien lo hace, pero tal vez haya algo que yo pudiera hacer para acelerar las cosas». Y eso nos conduce a olvidar que Dios está informado: si te da una visión, sabe cuánto cuesta y qué es lo que necesitas para alcanzarla.

Estoy convencido de que a todos los que estamos involucrados en el servicio a Dios nos cuesta crucificar nuestro ser racional en el momento de hacer algo para su obra.

Cuando me encontraba a punto de hacer la cruzada de santidad en el estadio Obras, o en Vélez Sarsfield, estaba casi convencido de que tal vez debía formar una comisión, solicitar dinero a algunas organizaciones, o quizás invitar a personas influyentes para que me dieran una mano. Pero el Señor me decía: «Esta no es tu idea ni tu proyecto. Descansa, yo lo hago».

Y en seguida aparecían los recursos financieros, alquilábamos el estadio y hacíamos la cruzada con gran éxito. Lo mismo ocurrió cuando convocamos a la juventud al estadio del Club Atlético River Plate. Este es el estadio más imponente de Argentina, con una capacidad para setenta mil personas sentadas. El problema fue que debido al calendario del campeonato de fútbol no me confirmaron la fecha hasta el 1 de diciembre, y la idea era hacer la cruzada el día veinte de ese mismo mes. Significaba una completa locura hacer la promoción e invitar a todo un país en menos de veinte días.

«Esto no va a dar resultado», le decía a mi esposa, «cualquier evento de esta magnitud debe anunciarse con más de seis meses de anticipación como mínimo».

A todo esto se agregaba el clima inestable de Buenos Aires y que el estadio es abierto.

«No es tu proyecto. Descansa, yo lo hago». Era lo único que tenía por respuesta cada vez que iba a la presencia de Dios con mis temores y deseos de suspender todo.

El resultado, por supuesto, llevó el sello del autor intelectual de la visión, y todo salió a la perfección; en menos de veinte días fueron convocados más de cincuenta mil jóvenes en el estadio de River Plate de Buenos Aires, y la cruzada fue transmitida vía satélite a veintidós países de Latinoamérica a través de la cadena de televisión *Enlace T.B.N.*, con una gran repercusión en los medios periodísticos.

A principios de noviembre del mismo año, recibí también una llamada telefónica del cantante José Luis Rodríguez, más conocido como el Puma.

—Dante —me dijo—, estoy haciendo una gira por Argentina y acabo de ver tu programa por la red de cable.

—¿De dónde me conoces? —le pregunté sorprendido.

—Ya te dije, del programa de cable; te descubrí mientras cambiaba de canales en un hotel de la provincia de Córdoba. Y he estado pensando que tu programa para jóvenes debería emitirse por un canal que se vea en toda la nación.

—No sabía que eras cristiano —le dije entre el asombro y la perplejidad.

—Claro que lo soy; pero ese no es el caso. Te llamé porque quiero hacerte una propuesta.

Al día siguiente nos encontramos en un hotel céntrico de la ciudad, en el cual se hospedaba, y le expliqué lo difícil que era tener un programa en los canales capitalinos, además de que ya lo había intentando durante un año sin obtener resultados favorables.

—Bueno, yo sentí que esto era de Dios —me dijo—, así que voy a hablar con un gerente de programación amigo mío y el presidente, y les plantearé la situación.

—No tengo demasiadas ilusiones de que resulte —le confesé—. Aun si lograra entrar, las cifras que se cobran por un espacio son siderales.

El popular cantante, con el cual en la actualidad mantenemos una buena amistad, me miró por unos instantes y luego dijo algo que terminó de confirmar que Dios estaba detrás de cada uno de los detalles:

—Descansa, él es quien lo hace.

Sonreí y le dije que tenía razón.

A los pocos días mi programa comenzó a emitirse por el único canal del estado que llega vía satélite a todo el país, además de a Chile, Uruguay, Paraguay, Bolivia y gran parte de Brasil. El canal *A.T.C.* (Argentina Televisora Color, Canal 7) me cedió un espacio de media hora cada sábado para que mostrara, con absoluta libertad, a una juventud diferente, que pudo experimentar un cambio radical con Jesucristo. Al mes nos habíamos transformado en el primer programa cristiano que figuraba en los avisos de la programación y en las promociones del canal. Y como si todo esto fuera poco, alcanzamos la mayor audiencia de todo el canal, superando el promedio general de televidentes, con casi ochocientos mil hogares (según las agencias oficiales de medición) solo en la capital federal, ya que el resto del país no cuenta a la hora de determinar el índice de audiencia. Comencé a prueba por un mes, y al cabo de ese tiempo me renovaron el contrato para continuar al año siguiente y con un costo increíblemente módico. A través de la pantalla y el satélite pude llegar a millones de personas cada semana.

«Descansa, yo lo hago». Esta ha sido la frase constante del Señor durante estos años de servicio.

Lo que más me ha costado es aprender a depender solo de él y llevar mi autosuficiencia a la cruz de Cristo. Cuando pensaba que la solución vendría de parte de determinada persona, Dios en su celo me cortaba toda conexión y dependencia humana. Cuando al final reconocía que solo tenía a Dios como mi única confianza, entonces las soluciones aparecían: personas a las que no había visto jamás me llamaban por teléfono ofreciéndome el dinero, aparecían publicistas

dispuestos a negociar, estadios a mitad de precio y gerentes de programación esperándome con una taza humeante de café.

Solo cuando tu carne muere, puede aflorar la vida del Espíritu. Sin embargo, él no puede actuar hasta que no te hagas a un lado.

A propósito, sé que algún día, si Dios lo permite, volveré a encontrarme con el joven periodista de Costa Rica. Ese muchacho ávido de conocer algo más de los secretos ministeriales. Si así fuese, voy a recordarle la tarde en que descubrimos la fórmula del reino: Tienes que estar muerto.

La comisión

CAPÍTULO 11

EL PROPÓSITO DE LA UNCIÓN

EL DINOSAURIO ESTÁ MUY MOLESTO. Las linternas solo lograron enfadarlo más, y ahora tratará de embestir al jeep. El pánico ha sobrecogido a los niños, y los gritos hacen que el legendario monstruo pueda ubicarlos en la oscuridad. La tormenta va en aumento y todo parece indicar que habrán dos nuevas víctimas en la taquillera película del genial director Steven Spielberg. Sin embargo, un recurso de último momento logra salvar a los niños y al empecinado científico. El espectador tendrá que esperar unos diez minutos más para otra emoción fuerte.

La escena pertenece al primer largometraje de la saga «Jurassic Park» y, como un buen expositor del

cine-catástrofe, logra que seamos un cóctel de emociones durante más de dos horas.

Y es que un buen director de cine sabe que lo más importante es mantener al espectador emocionado; que llore, ría, sufra o se llene de ansiedad. Eso representa un éxito, por lo menos para el megamercado del celuloide.

El problema surge cuando pensamos que los cristianos tienen cierto parecido con los que llenan las salas de cine e imaginamos que tenemos que captar sus emociones de alguna forma para consolidar un éxito espiritual. Claro que las emociones forman parte de nosotros, pero es sumamente serio que dependamos en exclusivo de ellas.

En la última década he notado que Satanás ha utilizado nuestras propias armas para lograr distraernos del objetivo principal.

En una gran parte de Latinoamérica durante mucho tiempo no se hablaba de otra cosa que no fuese la guerra espiritual. De pronto todo el reino de Dios pareció polarizarse en un solo objetivo: la esfera demoníaca. Estoy convencido por completo de que la guerra espiritual proviene de Dios; el único inconveniente surge cuando creemos que se trata del «último grito de la moda» y la colocamos en el pedestal de «la única verdad». Una herejía no comprende solo lo netamente antibíblico, sino también tiene lugar cuando mostramos nada más que una parte de «todo el consejo de Dios».

Estoy convencido de que Dios prospera económicamente a sus hijos, pero si predicara que el evangelio se reduce a cumplir con mis ofrendas para ser exitoso, estoy divulgando una herejía. La ofrenda y los diezmos solo son una parte de mis obligaciones y responsabilidades como cristiano.

También creo que Dios sana; mi madre es el mayor ejemplo, pues fue sanada de un cáncer terminal. No obstante, sería deshonesto proclamar que el único propósito del Creador es sanar a la gente.

Con el mismo criterio, si decimos que un buen cristiano se caracteriza por saber hacer cartografías espirituales o tomas de ciudades, estamos predicando nada más que una mínima parte de la verdad, y corremos el riesgo de estar acentuando una «moda congregacional».

En otro momento se hablaba de algo que comparto en su totalidad y creo que es saludable para el cristiano: la sanidad interior. Con todo, para algunos solo pasó como una nueva emoción fuerte en la película de los dinosaurios.

Recuerdo también cuando era casi determinante saber cómo había sido la niñez del nuevo convertido. La oración transformadora que cambia vidas quedó a un costado al ser opacada por largas terapias de miradas retrospectivas a la infancia. Otra vez una parte de la verdad, al estilo de: «El que no usa el cabello verde, no puede ser parte de este club». La guerra espiritual era un buen recuerdo de tiempos pasados, ahora había que investigar «quién traumatizó la adolescencia de nuestro hermano para lograr sanarlo de su pasado».

Todo lo que estoy diciéndote puede corroborarlo cualquier propietario de una librería cristiana. Así como hace quince años solo se vendían libros que tenían que ver con el fin del mundo, la batalla de Armagedón y el anticristo, también el público ha arrasado con miles de ejemplares que tienen algo que ver con lo que se está hablando.

Como dijera un director de Hollywood: «El secreto de un éxito de taquilla incide en una buena dosis de emoción cada diez minutos». Así que el diablo, que algo debe conocer de emociones, nos volvió a distraer con lo efímero de la verdadera unción.

Ya no importaba la guerra espiritual, la escatología o la sanidad interior, solo había que tener la unción. Y los compradores de medias verdades creyeron que era otra emoción para seguir aferrado a la butaca.

Recuerdo que en ocasiones, antes de recibir una invitación para predicar, el anfitrión me preguntaba: «Perdone, pero necesito saber… ¿cuando usted ora por las personas, ellas se caen?».

Si respondía afirmativamente, estaba dentro del nuevo mover de la unción, y si decía que no lo sabía, entonces buscarían a otro predicador.

Quiero dejar algo claro: no hay otra cosa en este mundo que ame más que la unción del Espíritu Santo; creo en ella y la considero imprescindible para el ministerio. Es imposible avanzar en el ámbito espiritual sin ese glorioso toque del Jordán. Pero la unción tiene un propósito más elevado que simplemente hacer rodar a la gente por el piso.

Cuando me encuentro con jóvenes que están frustrados porque nunca sintieron algo «sobrenatural», veo en sus ojos lo mismo que veía en el espejo cuando era adolescente y no podía jugar bien al fútbol: el peso de la discriminación.

Una gran mayoría se siente discriminada espiritualmente porque piensa que Dios se olvidó de ellos por el sencillo hecho de que jamás cayeron al piso como producto de una imposición de manos. O quizá porque nunca se atrevieron a agitar las manos ampulosamente mientras hablaban lenguas angelicales.

El propósito de la unción no es proporcionarnos una nueva experiencia para el alma, sino capacitarnos para la gran comisión.

El Señor no se tomó el increíble trabajo de elegirte en un establo casi olvidado, enseñarte a esperar en la carpintería de los sueños, marcarte con su presencia en el Jordán, procesarte en el desierto de los cielos enmudecidos, y hacer que crucificaras tu carne en la cruz... solo para que entres en un éxtasis paranormal.

La unción es algo más que una nueva moda para llenar los estantes de las librerías; la unción tiene un propósito mucho más elevado: «El Espíritu del Señor omnipotente está sobre mí, por cuanto me ha ungido para anunciar buenas nuevas a los pobres. Me ha enviado a sanar los corazones heridos, a proclamar liberación a los cautivos y libertad a los prisioneros» (Isaías 61:1).

La unción, definitivamente, no es una emoción más de un filme, sino el propósito de nuestras vidas.

UNA EXPERIENCIA SINGULAR

Me había dispuesto a escuchar el sermón de José Satirio Dos Santos en el estadio monumental de Chile, donde se realizaba uno de los congresos anuales más importantes de ese país. Yo era uno de los oradores invitados y acababa de culminar mi disertación; ahora le tocaba el turno al amado pastor de Colombia. El sitio estaba colmado; unas once mil personas llenaban el lugar.

«Existen tres frases nocivas, tres conceptos negativos que los cristianos hemos aceptado como grandes verdades», dijo el predicador casi al término de su mensaje. «La primera frase mentirosa es: "Ya casi todo el mundo ha oído de Cristo", cuando hay miles que mueren sin saber siquiera quién es nuestro Señor. La segunda frase es: "Hay muchos que están predicando y llevando a cabo misiones por el mundo", lo cual es una de las más grandes mentiras del enemigo. Los misioneros no llegan a ser el uno por ciento de la iglesia, y la gran mayoría son anónimos y no figuran en los grandes congresos. Por último, la tercera frase es: "Yo no tengo el llamado para predicar"; pues como voz profética declaro que si no tienes el llamado para predicar, no mereces llamarte cristiano. Tú naciste para predicar».

Mientras Satirio hablaba, se oían sollozos por todo el estadio. En unos instantes el quebranto inundó por completo la atmósfera. En una de las gradas laterales se encontraban los oradores del congreso, algunos de ellos reconocidos en el ámbito mundial.

De pronto el predicador caminó sobre la inmensa plataforma y se dirigió hacia nuestra grada. Parecía buscar a alguien con la mirada.

«¡Dante Gebel!», exclamó ante un estadio que sollozaba en silencio.

¡Qué va a decir este hombre si apenas me conoce!, pensé entre la sorpresa y el pánico.

Él continuó: «Tú dices en tu corazón que has hecho mucho para tu edad. Has visto los estadios más grandes de tu país colmarse con jóvenes que han acudido a oír tu mensaje. Pero quiero darte un mensaje de parte de Dios: "No es gran cosa que seas mi siervo, ni que restaures a las tribus de Jacob, ni que hagas volver a los de Israel, a quienes he preservado.

Yo te pongo ahora como luz para las naciones, a fin de que lleves mi salvación hasta los confines de la tierra" (Isaías 49:6). Tú no eres pastor, eres salvación. No eres evangelista, eres luz».

Satirio siguió predicando, pero yo no pude oír casi nada más. Algo nuevo comenzaba a arder dentro de mi ser. Incliné el rostro y lloré ante la presencia de Dios como en mucho tiempo no lo había hecho. Fue como si las once mil personas se hubieran esfumado y quedáramos solo Dios y yo.

No he podido olvidar aquella noche, y mis ojos se llenan de lágrimas al escribir este párrafo, tal vez porque entendí con claridad el verdadero propósito de la unción: ser la única alternativa para un mundo agonizante.

A LA CONQUISTA DEL MUNDO PERDIDO

Casi toda mi generación ha crecido con la idea de que si Cristo viene pronto, no hay que preocuparse demasiado por este planeta y sus desafortunados habitantes. «Hay que darle gracias a Dios porque nos vamos pronto», hemos dicho con una sonrisa de futuros exiliados.

He conocido a mucha gente que decidió no estudiar ni capacitarse porque se consideraban peregrinos en la tierra, y nada de aquí les competía.

Tienes que haberte cruzado con gente así. Personas con paranoia apocalíptica, que suelen decir: «Me enteré de que el anticristo ya nació en un lugar de Polonia». O también: «Las cosas están empeorando aquí en la tierra, así que en cualquier momento nos vamos con Cristo, y adiós problemas». O algo como: «No sé por qué Cristo se tarda tanto; estamos a punto de que se suelte el primer jinete del Apocalipsis». Pobres cristianos que esperan un rescate, en lugar de ser guerreros dispuestos a conquistar el mundo para Cristo.

El Apocalipsis no fue escrito para que tengas temor y marques las jugadas como si fuese el calendario de un campeonato de fútbol, sino para que sepas que Cristo es el que termina al mando de la historia. Nosotros estamos del lado ganador, y lo único que se nos exige es predicarle a un mundo que pide a gritos una alternativa.

El Señor no te enviará a las naciones si nunca le has predicado a tu vecino. No te pondrá ante las multitudes si jamás le has presentado el mensaje de salvación a tu compañero de estudio.

Dios no quiere que abandones tu empresa, dejes tus estudios por la mitad, o simplemente decidas dejar de trabajar. Por el contrario, él necesita empresarios que enfaticen un alto concepto de la vida entre sus empleados, estudiantes que sean ejemplo en la universidad y obreros que prediquen con su testimonio.

El planeta necesita jueces y abogados cristianos

que promulguen y defiendan leyes basadas en las normas bíblicas. Alcaldes, gobernadores, senadores y presidentes llenos de Cristo que cambien radicalmente el rumbo de la nación. Médicos, científicos y especialistas que prediquen mientras exponen nuevos descubrimientos. Gerentes de bancos convertidos que otorguen créditos para la construcción de nuevos templos y centros evangelísticos. Escritores talentosos cuyos libros llenos de conceptos bíblicos sean los nuevos *best sellers*. Gerentes de programación y dueños de estaciones de televisión que promuevan la integridad a través de la pantalla. Directores de cine que logren un récord de taquilla con películas que contengan mensajes cristianos... ¿Te parece una gran locura? Pues esa es la gran comisión. Conquistar y no escapar.

La Biblia narra que Daniel, Sadrac, Mesac y Abednego fueron considerados diez veces mejores que todos los demás en el reino. No un poco mejores ni dentro del promedio general, sino diez veces por encima de los otros.

El faraón sacó en conclusión que no había alguien tan capacitado como José para gobernar toda la tierra de Egipto. Él no pasó inadvertido, sino que afectó de modo positivo a los que lo conocieron.

Estos son apenas dos ejemplos de personas que no eran parte de un ejército de flojos que se reunía a llorar en alguna iglesia, rogando que alguien los rescatara del mundo cruel, sino que cambiaron la historia. Pasaron por la vida como invasores y no como simples pasivos.

Cristo no vendrá a buscar a una iglesia moribunda y raquítica, sino a una iglesia victoriosa y vencedora. Y obtener la victoria no significa disfrutar de una fiesta privada con el Señor, puertas adentro, sino predicar las buenas nuevas a los que mueren cada día sin salvación.

CONGRESOS DE PESCADORES

A principios de 1997 tuve una charla con un joven de unos diecinueve o veinte años que ejemplifica lo que trato de decirte.

—Quisiera que oraras por mí —me suplicó—; tengo un empleo en el que estoy rodeado de mundanos, y desearía que Dios me sacara de ese sitio para poder servirle.

—¿Qué quieres decir con «mundanos»? —le pregunté.

—Mundanos, tú sabes… gente del mundo.

—Tú también eres mundano. De haber nacido en la luna serías selenita, o en Marte, marciano. Pero si naciste en el mundo… eres mundano. No vives de acuerdo a los preceptos del mundo, pero este es tu planeta.

—Me refiero a que estoy rodeado de inconversos.

—Entonces no tienes que orar para poderle servir

a Dios. Estás en el lugar correcto. Servir a Dios no significa tocar un instrumento durante el servicio del domingo o estudiar en un seminario bíblico. Servir a Dios es predicarles a los que tú llamas «mundanos».

—Es que me siento incómodo entre ellos —me dijo decepcionado—, y sé que tarde o temprano Dios me sacará de allí.

El muchacho era como un pescador en un río atestado de peces, diciendo: «Señor, llévame a un lugar donde pueda pescar».

Hemos creído que la unción solo sirve para reunirse y cantar: «Cristo viene, pues somos peregrinos».

Recuerdo que durante el año 1997 fui invitado a predicar en más de ochenta congresos. La mayoría tenía como lemas: «Conquistando la tierra», «Tomando la ciudad» o «Derribando fortalezas».

Hasta que una madrugada el Espíritu Santo me mostró que mientras invertía mi tiempo en congresos acerca de cómo ganar almas, el diablo seguía llevándose a miles al infierno. No podemos seguir dedicados a congresos de pesca cuando los peces están siendo atrapados por el pescador incorrecto.

Poco es para mí, dice Dios, que tu meta sea ser un reconocido líder, tener una gran iglesia o integrar una comisión eclesiástica; tú eres luz donde hay tinieblas y sal donde no hay sabor.

Jamás conquistaremos la tierra si no logramos

comprender que fuimos plantados aquí para proclamar la alternativa. Debes estar preparado como si Cristo viniera mañana, pero trabajar como si se fuera a tardar mil años.

El mundo mismo pide a gritos que descubras el verdadero propósito de la unción. Y, lamentablemente, ya hemos perdido demasiado tiempo.

CAPÍTULO 12

DOS GRAVES PELIGROS

CREO QUE EL VERDADERO PROPÓSITO por el que Dios procesa a sus hijos es el de capacitarlos para atraer a otros hacia él. Esto representa el verdadero avivamiento. Un avivamiento ocurre cuando la iglesia logra traspasar las paredes de los templos y afecta literalmente a la comunidad. Tiene lugar cuando la presencia de Dios hace habitáculo en una nación y la convicción de pecado es tan perceptible que los altares se colman de personas deseosas de hacer la oración del penitente. La iglesia deja de ser una religión organizada y traspasa el ámbito espiritual.

Dios procesa a sus hijos para la santidad, y la santidad produce (entre otras cosas) pasión por las

almas y, por consiguiente, el avivamiento.

Dios me ha dado el enorme privilegio de tener largas charlas con Carlos Annacondia, un reconocido evangelista argentino, y en una de ellas me dijo: «El avivamiento únicamente puede generarse a través del método de Dios, y el combustible de ese método es la unción. Los verdaderos avivamientos comienzan con fuego en el corazón de cada individuo, hasta convertirse en algo contagioso y provocar un gran incendio espiritual». Coincido por completo con el prestigioso evangelista, el avivamiento es mucho más que un método de «iglecrecimiento».

De todos modos, mientras que muchos afirman que estamos experimentando un avivamiento, otros opinan que solo se trata de un despertar espiritual. Yo prefiero llamarlo un «reacondicionamiento privado», es decir, un tiempo en el cual Dios trata con nuestras vidas antes de enviarnos a la gran comisión.

En Latinoamérica en particular he notado dos grandes peligros para el crecimiento saludable de sus hijos y que, justamente, forman parte de dicho reacondicionamiento, de ese volver a colocar cada cosa en el sitio correcto.

El primero tiene que ver con una estrategia del enemigo que casi ha pasado inadvertida para la iglesia, pero que ha intentado detener el verdadero avivamiento: la falta de arsenal en nuestras tropas espirituales...

UN PUEBLO SIN HERREROS

La Biblia relata en el primer libro de Samuel un incidente casi imposible de concebir en tiempos de guerra: «En todo el territorio de Israel no había un solo herrero, pues los filisteos no permitían que los hebreos se forjaran espadas y lanzas. Por tanto, todo Israel dependía de los filisteos para que les afilaran los arados, los azadones, las hachas y las hoces» (1 Samuel 13:19-20).

Nadie había pensado en eso. Israel tenía sacerdotes, teólogos, doctores, cantores y hasta gente que sabía manejar muy bien una espada. Pero nadie se percató de que no había herreros.

Supongo que fue tal vez porque los herreros no están demasiado expuestos, ni su trabajo es demasiado visible. Mas los filisteos sabían que era sumamente estratégico que no los hubiera.

«Así que ninguno de los soldados israelitas tenía espada o lanza, excepto Saúl y Jonatán» (1 Samuel 13:22). Trata de imaginar a un ejército que va a la batalla desarmado por completo por el simple hecho de no tener herreros entre el pueblo. Solo los líderes poseían espadas, lo cual colocaba a Israel en inferioridad de condiciones.

No puede haber avivamiento mientras se crea que la unción se monopoliza en los líderes. Es imposible ver a miles correr hacia Cristo mientras la iglesia se reduzca a sentarse los domingos a oír las

«grandes victorias» de los ungidos. El avivamiento no viene solo para un grupo selecto de líderes denominacionales, sino para toda la iglesia. El asunto es que los líderes hemos enfundado nuestra espada personal y, de vez en cuando, se la mostramos al pueblo y le decimos lo ágiles que somos para usarla. Sin embargo, no hay herreros que se mezclen entre el pueblo y lo capacite para la guerra; no hay afiladores ni reparadores de armas herrumbradas.

Y hay algo peor (o mejor, para el lado de los filisteos): los de Israel tenían que descender a los filisteos para afilar sus instrumentos. Los filisteos habían implantado la estrategia genial de impedir que hubiera herreros entre sus opositores. Cuando Israel necesitaba afilar algo, tenía que «descender» a los enemigos.

Eso es exactamente lo que el diablo ha intentado hacer con la iglesia. Él introdujo una mentalidad de escapismo entre los hijos de Dios, de tal forma que los herreros que debieran estar en sitios estratégicos han desaparecido. Entonces, en lugar de que los enemigos «suban» a nuestro nivel y puedan ser transformados, nosotros hemos tenido que «descender» a ellos por falta de armas y herramientas.

Las grandes cadenas de televisión, las redes bancarias, los inmensos predios, las universidades, las empresas y los colegios secundarios están en manos del enemigo. Y saben que tarde o temprano necesitaremos de ellos y tendremos que descender por ayuda.

DOS GRAVES PELIGROS

Así que ellos son los que ponen las condiciones. La vieja ley de la oferta y la demanda. «Tú necesitas predicar tu mensaje y yo tengo la estación televisiva». «Tú quieres capacitar a tus hijos y yo tengo los profesores». «Tú tienes una demanda, pero yo escribo las leyes». Nos hemos quedado sin herreros y, como consecuencia, sin armas para la guerra. Esta es una de las principales cosas que deben ser reacondicionadas en el ámbito espiritual; las conquistas son logradas con el ejército y no con un minúsculo puñado de líderes armados.

Es imposible concebir la idea de un avivamiento mientras que el pueblo dependa de las pocas armas de sus líderes. El planeta no se sacudirá espiritualmente hasta que todos los hijos de Dios estén armados y en la vanguardia.

Las batallas en el ámbito espiritual se ganan con algo más que buenas intenciones.

UNA CUESTIÓN DE MANTOS

El segundo peligro que atenta contra el buen crecimiento de la iglesia y, por consiguiente, contra el avivamiento que estamos esperando, es la falta de nuevos líderes.

En estos últimos años me ha tocado predicar en cientos de concentraciones juveniles, en las cuales he visto a miles de jóvenes aceptar el desafío de pagar el precio de la unción. No obstante, por alguna razón, me ha costado mucho hallarlos en la primera línea de batalla.

Hay un dato muy curioso y preocupante a la vez: los predicadores que integran el conjunto de oradores en los congresos juveniles, en su gran mayoría, son personas que pasan las cinco décadas de vida. Por supuesto que son reconocidos líderes con una larga trayectoria, de los cuales los más jóvenes pueden aprender. Pero lo sorprendente es que casi no contamos con expositores jóvenes. Es muy difícil que en los carteles promocionales aparezca algún predicador de veinte años o alguna dama de la misma edad que tenga algo de Dios para transmitir, exceptuando la esfera de la música.

Y existe algo aun más preocupante: los jóvenes no cuentan a la hora de las estadísticas.

Hace poco fui invitado a una reunión de hombres de negocios en Argentina, en la que alguien decía que era posible que la iglesia tomara los estadios más importantes de la ciudad para hacer grandes concentraciones de fe.

—Bueno —le dije a modo informativo—, no olvide que más de cincuenta mil jóvenes han colmado los estadios mundialistas Vélez y River Plate.

—Sí, pero eran solo jóvenes —dijo sarcásticamente—. Yo estoy hablando de la iglesia, algo más importante.

Apenas podía creer que la juventud no fuera

considerada como parte del presente de la iglesia.

Por lo general se cree que darle libertad de trabajo a la juventud es solo permitirle que se reúna en un servicio informal una vez a la semana, o dejarle tocar música en los servicios dominicales.

Personalmente, estoy convencido de que la culpa es compartida. Por una parte de los líderes, que han tenido en poco a los más jóvenes, y por otra parte de estos últimos, que no han anhelado un mayor crecimiento espiritual.

Siempre admiré al profeta Eliseo por su tesón, su fidelidad y esa hambre tan particular de una doble porción de lo que tenía Elías. Sin embargo, me habría gustado otro final para su historia. Hubiera preferido tener en la Biblia a un profeta con una triple porción de lo que tenía Eliseo. No obstante, el profeta se llevó la unción a los huesos, quizá porque su criado (Guiezi) se interesó más por los tesoros terrenales de Naamán que por la unción que reposaba sobre su señor.

Mi gran temor no es solo que esta generación cometa el mismo error que Guiezi, sino que los ungidos que la preceden sean mezquinos con el manto. Tal vez porque no entiendan a los obreros de la undécima hora o porque los consideren demasiado inexpertos. Quizá porque no acepten que una ola, aun cuando haya alcanzado su pico más alto, debe descender para darle lugar a la que viene detrás. O es

posible que sea porque crean que nadie podrá hacer el trabajo tan bien como ellos, y a lo mejor hasta tengan razón. No obstante, aun el mismísimo rey David se cansó en la batalla y tuvo que ser defendido por sus guerreros más jóvenes: «Los filisteos reanudaron la guerra contra Israel, y David salió con sus oficiales para hacerles frente. Pero David se quedó agotado ... Allí los soldados de David le hicieron este juramento: "Nunca más saldrá Su Majestad con nosotros a la batalla, no sea que alguien lo mate y se apague la lámpara de Israel."» (2 Samuel 21:15-17).

Los valientes de David le estaban diciendo a su rey lo mismo que los más jóvenes a sus líderes de la primera hora: «No tienes que hacerlo tú solo. Ya me has enseñado cómo hacerlo, ahora trata de descansar mientras yo hago el resto del trabajo. Dame la bendición de hermano mayor y no me consideres parte de un grupo étnico, al fin y al cabo vengo detrás de ti y soy el que continuará con la tarea».

En cada una de nuestras cruzadas hemos conservado una inscripción que solemos colocar en la parte inferior del escenario: «Los jóvenes no somos el futuro, somos el presente con Jesucristo». En lo personal he creído tanto en esto que, en ocasiones, me he retirado de algunos eventos cuando he notado que se tenía en poco a la juventud, o simplemente se le manipulaba.

Los jóvenes, con sus montañas de errores, son

una parte vital del avivamiento que estamos esperando, aunque no tengan un gran poder económico
o carezcan de renombradas trayectorias.

El Señor multiplicó los panes y los peces gracias
a la fe de un joven que ofreció lo que tenía.

Aun las olas más gigantescas e imponentes deben
bajar… porque detrás siempre existirán otras.

CAPÍTULO 13

CUATRO PASOS PARA LA CONQUISTA

L A MULTITUD ESTÁ PREOCUPADA. Todos han proclamado un ayuno de emergencia y ahora esperan con silencioso respeto las palabras de su rey. Después de todo, fue él quien humilló su rostro para consultar a Jehová sobre al tema preocupante.

Por último, Josafat decide romper el silencio, pero no se dirige al pueblo, sino a su Dios. Se asegura de que su voz pueda ser oída por casi toda la muchedumbre.

—Jehová, Dios de nuestros padres, estamos en un grave problema —dijo—. Los hijos de Moab y de Amón, y con ellos otros de los amonitas, nos han declarado la guerra. Nos tienen rodeados y pretenden echarnos de la heredad que tú nos diste en posesión.

No estamos preparados para pelear con una multitud tan grande y no sabemos qué hacer; solo dependemos de ti.

Este era un clamor sincero y libre de falsos discursos. Josafat estaba planteando una verdad lisa y llana.

De pronto una voz casi desconocida irrumpe en la improvisada asamblea. Era un muchacho, un joven levita llamado Jahaziel. Su nombre nunca se ubicaría en las galerías de los grandes profetas, pero ahora tiene un mensaje de parte de Jehová para un pueblo desconcertado y temeroso.

«Escuchen, habitantes de Judá y de Jerusalén, y escuche también Su Majestad. Así dice el SEÑOR: "No tengan miedo ni se acobarden cuando vean ese gran ejército, porque la batalla no es de ustedes sino mía"» (2 Crónicas 20:15).

Josafat siente que el alma le vuelve al cuerpo.

—¿Oyeron eso? —exclama perplejo—. Dios va a pelear por nosotros. ¡Es su guerra y no nos abandonará!

Sin embargo, Dios tiene algo más que agregar a través de su profeta.

«Mañana, cuando ellos suban por la cuesta de Sis, ustedes saldrán contra ellos … Pero ustedes no tendrán que intervenir en esta batalla. Simplemente, quédense quietos en sus puestos, para que vean la salvación que el SEÑOR les dará» (2 Crónicas 20:16-17).

—¿Mañana? —preguntó el rey—. ¿Dijo mañana? Eso significa que tenemos unas veinticuatro horas para reacondicionar a nuestro ejército.

Josafat había entendido el mensaje divino. Dios les otorgaría la victoria, pero ahora tenían un día para la preparación de la gran conquista. Un pequeño lapso de tiempo para transformar a un grupo de temerosos en un ejército invasor. Si querían un gran «avivamiento», debían darle un vistazo autocrítico a la congregación.

Dios está diciéndole lo mismo a la iglesia: *No son los métodos, las grandes cruzadas o los ambiciosos proyectos los causantes del avivamiento. Recuerda que la guerra no es tuya. Yo soy el que te garantiza la victoria. No obstante, ten en cuenta que tendrás que descender contra el enemigo y conquistar lo que me pertenece. Ahora tienes un lapso de tiempo para prepararte y alistar el ejército.*

Josafat sabe que tiene apenas un día, y el tiempo apremia. Así que da la orden y todo el pueblo comienza un entrenamiento espiritual acelerado.

PRIMER PASO: SE HUMILLARON

Josafat podía usar la razón y decir: No hay nada que debamos hacer, si Dios prometió un avivamiento, simplemente vamos a sentarnos a esperar que ocurra.

Sin embargo, si Jehová les había otorgado veinticuatro horas, tenía que haber un motivo más profundo que un simple descanso.

«Josafat y todos los habitantes de Judá y de Jerusalén se postraron rostro en tierra y adoraron al Señor» (2 Crónicas 20:18).

No puede haber grandes victorias sin que haya gente arrojada a los pies de Cristo. No cabe la remota idea de un despertar espiritual sin intercesores que humillen su carne para buscar el rostro de Dios. Es imposible pensar en un avivamiento sin líderes que abandonen los púlpitos y se postren cada noche a llorar por las almas perdidas.

Cuando comenzamos a recorrer las iglesias y a predicarles a los jóvenes, recuerdo que le preguntaba al Señor si llegaría el día en que ya no nos sentiríamos tan solos. Mi idea de la plenitud ministerial era una lujosa oficina con una veintena de personas corriendo de un lugar a otro y trabajando a tiempo completo por la visión.

Solía decirle a mi esposa que ya no tendríamos que orar con tanta intensidad por nuestra economía y que nuestras cruzadas se solventarían por sí mismas. Creo que Dios me oyó decirlo y se aseguró de que nunca perdiera mi dependencia divina.

Cuando creía que por fin había logrado tener una estructura respetable y algunas personas trabajando para el ministerio, el Señor se encargó de dejarnos solos otra vez. Experimentamos dolorosas traiciones y algunas deserciones, sumadas al apremio económico.

Luego de enfadarme con la incontrolable situación, entendía que había una única cosa que podía hacer: encerrarme en la habitación, como en los viejos tiempos, y humillarme ante él.

Dios quería enseñarme que aunque me garantizaba la victoria, no había nada humano que pudiera hacer. Cada vez que me he postrado ante su presencia, un tanto cansado y bajo una enorme presión, he escuchado las mismas palabras: *Te traje aquí porque te extrañaba.*

Aun cuando hayamos pasado por la estación de la cruz, el Señor necesita recordarnos que no se trata de nuestra guerra ni nuestro ministerio.

Antes de cada empeño o proyecto nuevo hemos tenido que postrarnos a adorarle y decirle que éramos absolutamente dependientes de él. La humildad va mucho más allá de negarse a aparecer en la portada de una revista; la humildad tiene que ver con nuestra actitud en el secreto de Jehová. Todo lo demás es una consecuencia.

SEGUNDO PASO: SE UNIERON

«Los levitas de los hijos de Coat y de Coré se pusieron de pie para alabar al SEÑOR a voz en cuello» (2 Crónicas 20:19).

He oído sermones sobre este pasaje en decenas de ocasiones y siempre se ha resaltado la importancia de que los levitas alabaran a Jehová. Estoy de acuerdo con ello, pero de nada habría servido alabar a Dios si los levitas no se hubieran unido para adorar.

Creo que uno de los mayores impedimentos para que la unción no repose sobre una nación es la división del cuerpo de Cristo.

Un popular predicador de Puerto Rico solía decir: «Una iglesia dividida nunca podrá ganarle a un diablo que nunca se divide». Cuando me preguntan a qué se debe que en los últimos años los jóvenes hayan llenado los estadios más grandes de mi país, les digo que es producto de dos poderosas razones: el toque soberano de Dios y una generación a la que no le interesa estar involucrada en las «guerras denominacionales».

El enemigo ha logrado distraer a la iglesia con ridículas discusiones dogmáticas. Durante años hemos estado disintiendo sobre la sana doctrina. Pasé gran parte de mi adolescencia en una iglesia donde importaba más usar la corbata adecuada que tener una relación personal con el Señor.

Aun en la actualidad se han frustrado grandes cruzadas evangelistas de distintos reconocidos hombres de Dios por pequeños detalles religiosos. Mientras la vida se nos pasa discutiendo si la Santa Cena debe servirse en una sola copa grande o en varias pequeñas, la gente muere sin conocer a Dios.

Hace unos años escuché una historia verídica que resume el problema de la división.

Un pastor de las Asambleas de Dios que tiene un gran ministerio en la provincia de Neuquén, Argentina, salía de una reunión conduciendo su automóvil.

La noche estaba lluviosa y un manto de niebla cubría la carretera. De cualquier modo, no conducía a gran velocidad. De pronto alcanzó a divisar a un hombre montado en una bicicleta que se cruzó por delante del parabrisas. Fue cosa de un trágico instante, y el chirriante ruido de los frenos se confundió con el impacto contra el capó.

El hombre de Dios se bajó temeroso del automóvil y divisó un cuadro aterrador: de un lado de la carretera estaba la bicicleta casi doblada en dos, del otro lado yacía el hombre en el suelo, y unos metros más adelante estaba una de las piernas del malogrado ciclista.

El pastor trataba de ordenar sus pensamientos, mientras le rogaba al hombre que tratara de no moverse. El impacto le había arrancado una de sus extremidades.

De improviso, el ciclista pareció emerger de la lluviosa noche, sonrió nervioso y dijo en un tono amable: «No fue nada. Nada más alcánceme mi pierna ortopédica».

Aunque la historia es poco agradable, no deja de producirnos una sonrisa de alivio. El pastor del incidente suele contar la anécdota y agregar: «Dios no usa a los miembros ortopédicos, esos cristianos que al primer embate satánico se separan del cuerpo. El Señor traerá un solo avivamiento a toda su iglesia».

Se me ocurre que Josafat sabía que la unidad significa mucho más que cantar una canción al unísono. El rey sabía que un ejército no puede tener victorias si solo está conectado por hilos «almáticos». El hombre tenía muy claro que unidad significa estar comprometidos con una misma causa.

Quizás por eso no permitió miembros ortopédicos en su ejército.

TERCER PASO: ATRAPARON EL ESPÍRITU DE SUS LÍDERES

«Al día siguiente, madrugaron y fueron al desierto de Tecoa. Mientras avanzaban, Josafat se detuvo y dijo: "Habitantes de Judá y de Jerusalén, escúchenme: ¡Confíen en el SEÑOR, y serán librados! ¡Confíen en sus profetas, y tendrán éxito!"» (2 Crónicas 20:20).

Si ya se habían humillado y unido en una misma causa, solo restaba una cosa: creer de un modo incondicional en Dios y sus profetas. Creo que no había demasiados inconvenientes para confiar en Jehová; el mayor problema era obedecer a los que Dios había puesto al frente de la congregación.

Al tener un ministerio itinerante, me ha tocado el privilegio de conocer distintos países y diferentes denominaciones. Y puedo decir que he notado un atributo espiritual que la gran mayoría tiene en común: la rebeldía.

La falta de sujeción a las autoridades puestas por Dios ha sido una constante que ha operado como un dique de contención para un gran avivamiento en toda la tierra. Latinoamérica es la más afectada en cuanto a este flagelo espiritual.

Cuando todavía era más inexperto, me invitaban a predicar en iglesias que más tarde me enteraba habían nacido producto de una división. Y nada que sea gestado en la insurrección puede contar con la aprobación del Señor.

Muchas iglesias tienen una estructura piramidal, donde el pastor está en la cima y la gente casi no tiene conexión con su líder, exceptuando cuando lo ven predicar. Otras tienen la estructura de un triángulo invertido, donde el pastor es quien está debajo sosteniendo todo el peso de la obra. En este caso, la gente suele descansar sobre los hombros de su líder con una actitud de pereza espiritual. Sin embargo, existen otras donde el pastor no está ni por encima ni por debajo, sino delante, a manera de una punta de lanza. El pastor abre la brecha y muestra el camino por donde la iglesia debe avanzar. Estas últimas son, de modo habitual, las iglesias con un crecimiento saludable.

La gente sabe que el líder no es un señor feudal que imparte órdenes, o un sirviente de la congregación, sino aquel que conoce las estrategias del Jefe Supremo y las pone en práctica.

Hay una curiosa parábola que escuché cierta vez y que ejemplifica el concepto de la sujeción a la autoridad.

Imaginemos que vives en California y decides conocer Buenos Aires. Compras tu boleto en una aerolínea conocida, preparas tu equipaje y te dispones a viajar.

Subes al avión, te sientas al lado de la ventanilla, y junto a otros, digamos, cien pasajeros emprendes tu vuelo a la capital de Argentina.

Cuando el Boeing alcanza la altura de crucero, reconsideras tu decisión de ir a Buenos Aires. Piensas que tal vez no sea una buena idea visitar otro país en esa época del año. A medida que pasan las horas, te convences de que definitivamente no quieres seguir viajando.

Como eres una persona práctica, llamas a la azafata y le dices que por favor le comunique al comandante del avión que quieres regresar a California.

La muchacha trata de sonreír y te responde que eso sería imposible. No estás en un avión privado; hay otros cien pasajeros que pagaron su boleto en el avión de la línea para volar directo a Buenos Aires. De ningún modo pueden regresar a mitad de vuelo.

«Lo que puede hacer», dice con amabilidad la aeromoza, «es descender en Buenos Aires y salir en el primer vuelo de regreso».

No obstante, sigamos imaginando que tú no eres de los que se conforman con una explicación. Has decidido que quieres regresar ahora, y lo harás a cualquier precio. Tomas un misterioso maletín y caminas rumbo a la cabina de los pilotos (estoy seguro de que no pensabas que llegaríamos tan lejos, mas recuerda que solo estamos haciendo volar la imaginación).

Ante tu insistencia, dejan que llegues hasta la cabina, y cuando estás allí, abres tu maletín y sacas un arma. Le apuntas a uno de los pilotos a la cabeza y le dices que no tienes intenciones de hacerle daño, pero que le ordenas que cambie de inmediato el rumbo del vuelo.

A los pocos minutos, y ante la sorpresa y el estupor de cien pasajeros, el comandante anuncia por los altoparlantes que por «un caso de fuerza mayor» el avión se saldrá de su ruta y regresará a California. Acabas de lograr tu cometido. No eres una persona mala ni un delincuente, solo alguien que a mitad de un vuelo decidió que no quería viajar. Crees que bajarás del avión y regresarás a casa como si nada hubiera sucedido, pero lo que acabaste de hacer se llama sabotaje. Acabas de secuestrar un avión de pasajeros.

Cuando vuelvas a pisar tierra firme, estarás en la cárcel. Ya no importará lo que trates de explicar. Secuestraste un avión y te penarán por eso.

Ahora quiero que lo veas en el plano espiritual. La iglesia tiene una frecuencia de vuelo, una ruta, un objetivo a alcanzar. No obstante, a mitad de viaje decides que no estás de acuerdo con la forma en que el pastor está conduciendo la nave. Se lo haces notar, y cuando ves que no está dispuesto a cambiar el rumbo, decides cambiar la dirección por la fuerza.

Amotinas a la gente, murmuras, generas fricciones en el ministerio y haces que todos noten tu descontento. Todo está disfrazado de un «piadoso celo por la obra de Dios».

Sin embargo, has pasado por alto un detalle: el avión no es del piloto, la iglesia no es del pastor. La frecuencia de vuelo ha sido estipulada por el Espíritu Santo. El líder es apenas un conductor, y tú te has atrevido a secuestrar una visión.

Cuando alguien me dice que no está conforme con su iglesia y la manera de pastorear de su líder, suelo recordar esa historia tragicómica, y luego les digo: «No secuestres la visión. Bajo ningún punto de vista sabotees el avión; si no te gusta el rumbo adonde se dirige tu iglesia, bájate en el próximo aeropuerto y en silencio toma otro avión que sea de tu agrado».

El rey de Judá sabía que a pesar de que Dios garantizaba la victoria no podría derrotar a sus enemigos si no contaba con la obediencia incondicional de su pueblo.

Es posible que estés diciendo: «Convengamos en que yo jamás he tratado de secuestrar la visión de mi líder y hay solo algunas cosas que no comparto; creo que tengo ese derecho». Y para ser honesto, tienes algo de razón. Pero recuerda que cuando estás involucrado en el ejército y te encuentras en la línea de batalla, es muy peligroso discutir con las autoridades en el momento en que las granadas enemigas explotan a tu alrededor.

Invierte unos minutos más de tu valioso tiempo y permíteme que te invite a presenciar un juicio oral y público que se les realizará ahora mismo a dos personas acusadas de sabotear una visión.

EL ABOGADO DEL DIABLO

La sala está atestada de gente y hay un bullicio ensordecedor. Han venido de todos los estados a presenciar el juicio. Las primeras planas de los periódicos han apostado por la culpabilidad de los dos acusados. Los estudiosos del caso opinan que no tienen demasiadas oportunidades.

De todos modos, alguien dejó trascender que los incriminados cuentan con un buen abogado que tal vez tenga una convincente coartada bajo la manga.

Los medios periodísticos de todo el mundo se disponen a seguir paso a paso las instancias del juicio. Los acusados guardan silencio en el banquillo. Ella tiene la estampa de una señora mayor y no ha levantado la mirada del suelo. Él da la leve impresión de haber estado frente al público en alguna ocasión anterior y se ve algo más calmado que su compañera.

El caso no registra antecedentes. Los imputados se llaman Aarón y María, y son hermanos de sangre. Se les acusa de haber murmurado en contra del hombre más manso de toda la tierra: Moisés.

El juez tiene una excelente trayectoria y todos confían en la imparcialidad de su decisión.

El golpe del martillo anuncia que se inicia la sesión. El fiscal, con un impecable traje gris, toma la palabra.

—Señor Juez, honorable jurado, tenemos aquí un caso de murmuración contra un líder, lo que no ha hecho otra cosa que perjudicar a todo un pueblo. Los acusados Aarón y María hablaron mal de Moisés encendiendo la ira de Dios contra ellos. La prueba está en que María, al parecer instigadora de la insurrección verbal, quedó leprosa por haberse atrevido a prejuzgar a un santo varón como lo es Moisés (véase Números 12:9-10). Esta actitud no solo perjudicó a María —continúa el fiscal—, sino que por causa de ella y su hermano todo el pueblo no pudo avanzar hasta la tierra prometida durante siete días (véase Números 12:15).

—¿Lo que usted está tratando de decir —interrumpe el juez— es que la visión de un pueblo se detuvo y casi se echa a perder todo el objetivo del éxodo por una sencilla murmuración?

—Exactamente. Es como si en medio de un vuelo alguien decidiera secuestrar al avión, aun a costa de todos los turistas que viajan en él.

—¡Protesto, su Señoría! —objeta el controversial abogado defensor, que luce un estilizado traje negro—. Creo que todavía no se han expuesto las razones por las cuales mis defendidos tenían cierto derecho a murmurar contra Moisés.

—¿Intenta decir, señor abogado, que los acusados murmuraron conscientes de que lo hacían?

—No precisamente. Sin embargo, de alguna manera se vieron obligados por las circunstancias y no les quedó otro remedio que estar en desacuerdo con Moisés.

—Explíquese —dice el juez, reclinándose en su sillón—. Creo que será interesante oír su alegato.

—Bien —responde el abogado con cierto aire de soberbia—, creo que hay varios factores que no se han tenido en cuenta. En primer lugar, no hay que olvidar que los acusados son los hermanos mayores de Moisés. Sin ir más lejos, cuando hablaron con el faraón, Moisés tenía ochenta años y Aarón, su hermano, ochenta y tres. Si el jurado tiene alguna duda al respecto, puede remitirse al libro de Éxodo, capítulo 7, versículo 7.

—¡Protesto! —exclama el fiscal—. El abogado solo trata de distraer al jurado con detalles triviales.

—No se trata de simples detalles —replica el abogado—. A través de la historia el ser mayor siempre ha otorgado cierto derecho a murmurar acerca de aquellos que vimos crecer. Consideremos que, de alguna forma, los acusados tenían más experiencia que su hermano menor. Si alguien está mucho tiempo en el ministerio, supongo que tiene un aval para opinar en torno a los más pequeños… de esos… llamémoslos obreros, eso es, obreros de la undécima hora. Después de todo —resume la defensa—, ¿quién no se sintió alguna vez con el derecho de juzgar a los que conocimos desde que vivían en el anonimato? Aarón y María vieron crecer a Moisés, y solo ejercieron su posición como hermanos mayores y experimentados.

—¿Hay algo más que quiera alegar en defensa de los acusados? —pregunta el juez.

—Claro que hay algo más. Existe una segunda razón por la cual mis defendidos… hicieron lo que hicieron. Considere el excelentísimo jurado que no se puede rotular la causa como «murmuración» cuando solo se trata de, digamos... un inocente chisme de familia. Aarón y María son hermanos de sangre, y cuando hablaron de Moisés... estaban hablando de su propio hermano. A mi entender —continuó—, uno tiene el derecho de desahogarse, siempre que sea en familia. ¿Quién no criticó a su pastor o a su líder en alguna cena familiar? Y no creo que eso se considere murmuración.

—¡Protesto! —interrumpe el fiscal —El chisme siempre es chisme en cualquier contexto. No existen las «murmuraciones familiares».

—Posiblemente —replica el hábil abogado—, pero existe una tercera razón que no he mencionado. Nadie en este estrado ha mencionado que Moisés estaba cometiendo un grave error. Mis defendidos se vieron obligados a murmurar debido a que Moisés decidió contraer matrimonio con una mujer cusita, una africana. Eso es algo que atenta contra la cultura tradicional de Israel (véase Números 12:1). Si nuestro líder o pastor está cometiendo un error, uno tiene el derecho moral de exponer el caso en pos del celo santo por las cosas de Dios.

—Esto es ridículo —insiste el fiscal—, lo de la mujer cusita es solo una pantalla. Los acusados estaban celosos porque Dios no hablaba con ellos como lo hacía con su siervo Moisés (véase Números 12:2).

—Aun tengo un último alegato que he reservado

para el final —dijo el extrovertido defensor—. No se nos debe escapar un detalle importantísimo: Moisés es tartamudo y Aarón siempre ofició de… digamos, traductor. Aarón siempre fue el ingrediente imprescindible para el ministerio de Moisés, un elemento vital para el buen desempeño de Moisés como líder. Lo cual significa que cuando Aarón murmuró, solo estaba opinando de un consiervo. Todos tenemos cierto derecho a hablar de nuestros pares, de aquellos con los cuales compartimos una plataforma. Yo no llamaría a eso murmuración, sino una saludable crítica entre colegas.

—¿Algo más que agregar? —pregunta incrédulo el juez.

—Nada más, por ahora.

El abogado les hace un guiño de complicidad a sus defendidos y regresa a su silla como alguien que acaba de aplastar a un dragón. Con todo, el jurado no es de los que se dejan impresionar por la verborragia de un abogado o las «inocentes excusas» del sentido común. Casi no hace falta deliberar; solo se miran entre sí, como no pudiendo ignorar una decisión obvia.

Finalmente el juez se dispone a leer el veredicto:

—A pesar de que Moisés ha decidido retirar los cargos e interceder ante Dios por sus hermanos (véase Números 12:13), el Señor ha dicho que considera esta murmuración como pecado (véase Números 12:14).

Así que el honorable jurado considera a los acusados… culpables de los delitos de murmuración y rebelión contra la autoridad puesta por Dios.

El martillo repica sobre el estrado y se levanta la sesión. El controvertido abogado no pudo defender lo indefendible, nadie duda que Aarón y María pretendieron cambiar el rumbo del avión. El veredicto, ahora más que nunca, es inapelable.

CUARTO PASO: QUEBRARON TODO ESPÍRITU DE RELIGIÓN

Regresemos a Josafat. Todo el pueblo se había humillado, se mantenía unido y había atrapado el espíritu de sus líderes. Ahora restaba lo más importante: tener una mente amplia y exenta de toda religión para aceptar una estrategia de guerra al «estilo de Dios».

«Después de consultar con el pueblo, Josafat designó a los que irían al frente del ejército para cantar al SEÑOR y alabar el esplendor de su santidad con el cántico: "Den gracias al SEÑOR; su gran amor perdura para siempre"» (2 Crónicas 20:21).

Leer la historia a través de las páginas bíblicas nos resulta romántico, sin embargo, trata de imaginar que tu nación se declara en guerra y el primer ministro dispone que ataquen a los invasores con guitarras y canciones tradicionales. Todo el mundo dudaría de la salud mental del ministro y alguien pediría que se le destituyera de inmediato de su cargo.

Para obedecer una locura como la que propone Josafat de parte de Dios, no hay que poseer ni una pizca de religión.

La religión trata de hacer un modelo estándar de los planes de Dios y luego intenta repetirlo a través de la historia. La religión adora la liturgia sistemática e intenta colocar a Dios en un rectángulo dogmático. El mismo Señor comparó a los religiosos con odres viejos que no estaban capacitados para albergar un vino nuevo.

Nicodemo conocía que el Señor era el Mesías. Lo había aguardado toda su vida. Solo tenía que arrojarse a los brazos del Cristo que siempre esperó y decirle que lo amaba. No obstante, la religión pudo más y nuestro amigo decidió esconderse entre las sombras de la noche para encontrarse con la razón de su vida.

Cuando prediqué en la cruzada de santidad que se celebró en el estadio River Plate, imaginé la charla que un religioso pudo haber tenido con Jesucristo. Es que, definitivamente, Jesús no llenaba las expectativas religiosas de los teólogos de la época. Había nacido en un establo en lugar de en un palacio; sanaba ciegos salivando en tierra y untándoles los ojos con barro; hablaba con las prostitutas y los samaritanos; almorzaba con gente de baja reputación; estaba rodeado de hombres poco letrados a los que llamaba sus discípulos; echó con un azote de cuerdas a los mercaderes del templo; provocó un gran alboroto

con un endemoniado y unos cerdos en Gadara; y solía hacer excentricidades tales como... caminar sobre las aguas o multiplicar panes y peces.

«Es evidente que no eres el que estábamos esperando», diría el religioso. «Así que no lo tomes a mal, pero la religión organizada estaba funcionando bien hasta que llegaste».

El Maestro sabe que la religión y el poder de Dios son incompatibles. A lo mejor por eso decidió irse de inmediato cuando, luego de liberar al endemoniado gadareno, la gente le pidió que se fuera de los contornos de la ciudad. Es que el Señor jamás se queda en donde no lo invitan.

Ahora, dale un vistazo al particular ejército de Josafat... y disfruta. Mira cómo ellos se dedican a cantar y los enemigos se eliminan entre sí. No se puede negar la originalidad del Creador. Observa ahora cómo comienzan a recoger el botín de los enemigos, y esto apenas es el comienzo; tardarán tres días en amontonar las riquezas (véase 2 Crónicas 20:25).

Es indudable que el ejército de Josafat está experimentando un avivamiento. Se humillaron, se unieron, atraparon el espíritu de sus líderes y derribaron toda religión. Los cuatros pasos para cualquier conquista.

Ahora solo se dedican a alabar, y Dios pelea por ellos. Esto, señoras y señores, es avivamiento.

CAPÍTULO 14

PASIÓN DE MULTITUDES

«GEBEL, ¿CREE USTED que haya un resurgimiento del puritanismo en Argentina y el mundo?»

El periodista lanzó la pregunta y me miró por encima de sus gafas. Su programa de televisión está catalogado como de estilo *magazine*, pero se vincula con los *talk show* estadounidenses. Esta debía ser la octava vez que me invitaba a su ciclo televisivo, el cual se emitía cada semana por el canal 9, uno de los canales capitalinos más importantes de Buenos Aires. La gran mayoría me aconsejó que no concurriera, pero había notado en el periodista un marcado interés por las cosas de Dios.

«No se trata de puritanismo», contesté ante dos

millones de televidentes, «se trata de recuperar valores que se han olvidado, y la única forma de recuperarlos es a través de Dios».

Algunos en el panel sonrieron, pero pude percibir un profundo respeto.

A los dos días, el mismo periodista me entrevistaba por teléfono para radio *Libertad*, por aquel entonces una de las emisoras con mayor audiencia en el país:

«El joven orador mencionó en mi programa de televisión», empezó diciendo, «que la gente está más cerca de Dios que del libertinaje. Hace unos años hizo una convocatoria en el estadio Vélez Sarsfield y concurrieron cincuenta y cinco mil jóvenes. Luego hizo otra reunión, esta vez en River, y el estadio monumental se colmó; inclusive nuestra producción llevó a cabo la cobertura del evento y pudimos ver a miles haciendo compromisos de castidad, entre otras cosas. Algo en realidad digno de destacar.

»Le pregunto ahora: ¿Es esta una nueva corriente puritanista? ¿O será que la gente se cansó de tanta promiscuidad? Además, como si fuera poco, Gebel anunció que para diciembre se realizará una nueva convocatoria en el Obelisco, la plaza de la república, donde estarán presentes más de cien mil jóvenes para realizar un pacto de integridad… Mi único temor es que esto se convierta en un fundamentalismo. Lo que no tiene discusión es que la virginidad, las buenas costumbres y el puritanismo se están transformando en una "pasión de multitudes", y las masas están cada vez más cerca de este tipo de mensajes y más lejos del libertinaje».

Luego de su breve discurso de apertura, el popular periodista me entrevistó durante veinte minutos y, con la ayuda de Dios, traté de dejar en claro que no se trataba de un puritanismo religioso, sino de un compromiso real con nuestro Creador.

Siempre me ha sorprendido el eco que han producido las cruzadas de santidad en la prensa secular, aunque en la actualidad se les conoce como «Súper clásicos de la juventud». Es posible que lo extraordinario sea ver a miles de jóvenes y adolescentes reunidos con el único propósito de ser más santos para Dios. Ellos son parte de una generación que decidió no ignorar a los gigantes cotidianos.

Trata de remontarte por un momento a la archiconocida historia de David y Goliat. El gigante filisteo desafiaba a los escuadrones de Israel por lo menos unas dos veces al día. La situación era vergonzosa. El mastodonte se daba el lujo de retar a todo un ejército durante dos veces al día en el valle de Elá.

Sin embargo, Israel prefirió ignorarlo.

Si nos comportamos como si no existiera, tarde o temprano se cansará y se irá.

Pero Goliat no era de los que se cansaban. Él seguiría abofeteando el orgullo de los judíos hasta el cansancio. Acaso porque todos los gigantes se parecen.

Tal vez si me involucro más en el ministerio, esa debilidad me abandone.

Error. Los Goliats nunca abandonan.

Si concurro a una iglesia donde se realicen servicios todos los días, sé que podré librarme de esos pensamientos impuros que vienen a mi mente.

Error. Los gigantes filisteos no se van porque te congregues a menudo.

Cuando vuelva a sentir esos deseos de adulterar, comenzaré a cantar coros hasta que la tentación desaparezca.

Error. Cuando termines de cantar, el filisteo estará allí otra vez.

Todos hemos tenido gigantes que vienen a nuestro valle privado de Elá para desafiarnos y abofetear nuestra vida espiritual. Dos, tres, cuatro y hasta diez veces al día. No obstante, los Goliats no se esfuman porque entremos al seminario o nos alistemos en el Ejército de Salvación. Solo tiemblan cuando alguien se para delante ellos y con una mirada desafiante les dice:

¿Quién es este incircunciso que se atreve a desafiar a un soldado de los escuadrones del Dios viviente?

Es David el que se harta de oír al petulante filisteo dos veces al día. Es el pequeño pastor el que toma la determinación de acabar con el corpulento provocador, incrustándole una piedra en la frente.

En cada una de nuestras reuniones de santidad he visto a miles de jóvenes con el mismo espíritu de David. Hartos de soportar a uno o más gigantes susurrándoles al oído. Cansados de una debilidad que hiere su santidad a diario.

Es entonces cuando deciden enfrentarlos.

Centenares de muchachos confesando su lucha contra la homosexualidad. Una gran cantidad de chicas liberándose de la bulimia y la anorexia. Decenas de adolescentes renunciando a la adicción a las drogas. Cientos de ellos quemando revistas y películas pornográficas. Multitudes renunciando al alcohol y al tabaco. Un sinnúmero de jovencitos llegando a ser libres de la rebeldía.

Los he visto en cada cruzada o súper clásico, y hemos gritado por cada Goliat que ha rodado por el suelo. Definitivamente, esta generación siente una profunda pasión por la santidad, y hará lo que sea por alcanzarla, aunque tenga que pagar un alto precio.

El precio de dejarse procesar por él.

EL PROCESO DEL CRECIMIENTO

Recuerda el establo. Esa etapa en la que pensaste que el Señor te dejaría fuera como tus compañeros de secundaria a la hora de jugar fútbol. No tenía por qué elegirte a ti, pero lo hizo. Te observó con detenimiento y supongo que pensó que podía glorificarse en lo insignificante. Y ante la sorpresa de los obreros de la primera hora, decidió que jugarías en el equipo.

Pensaste que ahora que habías logrado mandar al diablo tus complejos jugarías en las ligas mayores.

Pero casi pasas por alto la carpintería. Ese sitio donde la visión se agiganta y los tiempos se dilatan. No hay milagros, ni grandes experiencias, ni fuertes emociones… solo la visión de lo que te prometió en aquel primer toque del establo.

Hasta que llegó el Jordán. Inexplicable. Llegó ese segundo toque y sentiste que podías enfrentarte al mismísimo infierno. Por un momento creíste que habías llegado al clímax del proceso divino en tu vida, que nada más habías nacido para el Jordán, para ese instante. Y es que nada se compara a la llenura del gentil caballero, la dulce paloma.

Sin embargo, hubo más, mucho más. ¿Cómo olvidar esas largas y oscuras noches del desierto? Allí aprendiste a permanecer fiel en la aparente soledad. A tu criterio, pensaste que era inútil pasar por ese páramo desolador, pero al mirar atrás hoy descubres que fue una etapa de madurez. Y justo en el momento en que la arena comenzaba a meterse en tu alma… encontraste la cruz.

El calvario no es un sitio para sacarse fotografías, más bien es un lugar para morir. De modo paradójico, es el lugar donde sientes que tu vida espiritual toca uno de los picos más altos. Es que la cruz, aunque tenga fama de ser un sitio lúgubre, siempre produce la vida espiritual.

Recuerda lo que pasó luego de la cruz. Tenías en tu mano el certificado de defunción de la carne, y fue en ese instante cuando entendiste que tenías una comisión que cumplir.

Dios pactó contigo para que, a través de ti, miles de personas lo vieran a él.

«De este modo, todos llegaremos a la unidad de la fe y del conocimiento del Hijo de Dios, a una humanidad perfecta que se conforme a la plena estatura de Cristo» (Efesios 4:13).

A MANERA DE EPÍLOGO

Algunos tratan de ignorarlo, alegando en forma despectiva que «solo se trata de jóvenes». Otros han intentado buscarle una explicación racional al asunto, diciendo que a falta de alternativas la juventud se concentra en grandes masas, generando un nuevo fenómeno. No obstante, gracias a Dios, una gran mayoría se ha dado cuenta de que no se trata de sencillas concentraciones, sino de verdaderos y profundos cambios de vida.

Puedes levantar la vista y los verás marchar a lo ancho de todo el planeta. Son jóvenes y algunos ni siquiera llegan a la mayoría de edad. Avanzan sin darle demasiada importancia a los aplausos y los doctorados, las credenciales y los reconocimientos. Son parte de un ejército como no lo hubo ni habrá jamás en muchas generaciones, acaso porque son parte del último y gran avivamiento.

Ellos saben lo que es dejarse moldear en las manos del Gran Alfarero, conocen el proceso del crecimiento. Están dispuestos a pagar una y otra vez el alto precio de la unción. Llevan consigo el amargo precedente de los obreros de la primera hora, que los tuvieron en poco. Con todo, marchan y trabajan con el aval del dueño de la viña, que los contrató para un mover espiritual como nunca se ha registrado en la historia de la humanidad. Tienen una montaña de fallas, pero nadie como ellos ha intentado agradarle tanto a Dios. Están comprometidos hasta sus fibras más íntimas. Tienen una pasión demoledora por las cosas del Señor.

Comencé viéndolos en Argentina y luego en distintas partes del mundo. Los he visto llorar por la santidad y enojarse contra el pecado. Los he soñado levantando las manos y adorando en sus cuartos privados. Los he visionado ante los presidentes y los mandatarios de las naciones, llevándoles un mensaje fresco y directo del corazón del Padre.

Y sobre todo, los he visto llenar los estadios más imponentes y colmar la avenida principal de la ciudad. Hemos colmado de jóvenes dos veces el estadio

Vélez, el estadio Boca Juniors, la plaza de la república, y dos veces el estadio River Plate, solo por mencionar algunos ejemplos de mi país natal.

Los expertos en avivamientos apenas pueden explicarlo, y los indiferentes tratan de convencerse de que pronto todo se olvidará. Sin embargo, la prensa, que sabe mucho de fenómenos y poco del mover milagroso de Dios, trata de mostrarlo desde un punto de vista periodístico. Curiosamente y sin proponérselo, le han dado el título a este libro.

Ellos dicen que, como el fútbol, se trata de una pasión. Y la pasión no tiene explicación científica, surge de un amor incondicional e intenso. La pasión por las cosas del Señor es la característica de este nuevo e imponente ejército.

Los predecesores de estos jóvenes son aquellos trescientos guerreros anónimos de Gedeón, o los históricos valientes de David.

El periodismo secular ha llevado sus cámaras a los estadios donde estos jóvenes se congregan. Los han visto repudiar al pecado y la promiscuidad, y a pesar de no entenderlos mucho, los respetan profundamente.

Los religiosos dicen que se trata de un «fenómeno» pasajero. Los periodistas opinan que no es otra cosa que pasión.

Estoy seguro por completo de que, por esta vez, la prensa tiene razón. A lo largo de la historia Dios sigue siendo una **pasión de multitudes**.

ACERCA DEL AUTOR

Dante Gebel es un reconocido conferencista, orador y motivador argentino. Es presidente de *Línea Abierta Group,* una productora integral multimedia con base en Buenos Aires y Miami que realiza espectáculos con la más alta calidad en estadios y teatros de todo el mundo enfocados en los jóvenes.

Gebel alcanza a un público inmenso en más de cincuenta países a través de sus programas, que se emiten en varias cadenas televisivas de Latinoamérica. Conduce un show nocturno de lunes a viernes con el clásico formato «Late night» llamado «DNT, the show», donde presenta monólogos humorísticos de la vida cotidiana, entrevistas a famosos y reflexiones. Además, tiene otro programa semanal llamado «Dante Gebel Live», el cual muestra sus presentaciones en vivo en diferentes partes del mundo.

Decenas de miles de jóvenes son inspirados por medio de sus programas de televisión, los discursos que presenta como orador motivacional en sus giras internacionales en cuyos recintos se agotan las localidades, y sus libros que son un éxito de ventas.

Dante ha publicado varios libros con Editorial Vida: *El código del campeón*, *Las arenas del alma* y *Monólogos de Dante Gebel*, además de haber actuado en varios filmes de la compañía, uno de los cuales lleva el mismo título de este libro.

Ha realizado varios shows multitudinarios en diferentes estadios de América, y en Argentina en Vélez (1996-2004), el obelisco de Buenos Aires (1998), Boca (2000) y River (1997-2005), a los que llama «Súper clásicos de la juventud».

También produce un espectáculo llamado «Misión Rec» que en su estreno batió el record de llenar tres funciones en el mismo día en el estadio cubierto Luna Park de Buenos Aires, el cual llevó luego a otras partes del mundo (Los Ángeles, Santiago de Chile, Uruguay, Miami) con el nombre de «Misión América», donde mezcla la multimedia, el humor y la comedia musical.

Gebel es reconocido en el mundo hispano como uno de los oradores más extraordinarios para la juventud y la familia, capaz de conducir al público a través de las historias más fascinantes, que van desde las risas hasta las lágrimas. Ha presentado su

seminario de liderazgo explícito «Héroes» en más de treinta países.

Dante reside en Florida, Miami, y está casado con Liliana, con quien tiene tres hijos: Brian, Kevin y Jason.

www.dantegebel.com